行思讲坛系列

哲思数学课

刘全祥 著

江苏教育出版社

图书在版编目（CIP）数据

哲思数学课/刘全祥著. —南京：江苏教育出版社，
2013.11

ISBN 978-7-5499-3356-3

Ⅰ.①哲… Ⅱ.①刘… Ⅲ.①小学数学课－教学
研究 Ⅳ.①G623.502

中国版本图书馆 CIP 数据核字（2013）第 199869 号

书　　名	哲思数学课
作　　者	刘全祥
责任编辑	丁金芳　闫丽春
出版发行	凤凰出版传媒股份有限公司
	江苏教育出版社（南京市湖南路 1 号 A 楼　邮编 210009）
苏教网址	http：//www.1088.com.cn
照　　排	润星之源文化有限公司
印　　刷	三河市华润印刷有限公司
厂　　址	三河市杨庄镇杨庄村
开　　本	787 毫米×1092 毫米　1/16
印　　张	15.5
字　　数	246 千字
版　　次	2013 年 11 月第 1 版　2013 年 11 月第 1 次印刷
书　　号	ISBN 978-7-5499-3356-3
定　　价	30.00 元
网店地址	http：//jsfhjy.taobao.com
邮购电话	025-85406265,85400774　短信　02585420909
E - mail	jsep@vip.163.com
盗版举报	025-83658579

苏教版图书若有印装错误可向承印厂调换
提供盗版线索者给予重奖

序言一

不为点缀而为自省的教研写作

——兼谈小学数学教师的问题意识

有一次组织几个有影响的教师介绍教研文章的写作经历后，身旁的一位老师对我说："李老师，您注意到没有？刘全祥老师的好多文章都是用问题作题目的。"经他这么一说，我也对刘全祥老师文章的题目关注了起来：《重构一个教学设计的目的是什么》《算法多样化，教师为何这般尴尬》《数学教学，我们迷失了些什么》《课堂教学需要怎样的情境》《是"超越"，还是"未及"》《怎样的错误才是应努力挖掘的资源》等，竟然发觉刘全祥老师近年来撰写的论文、案例有很多都是用"问题"作题目的。

初看诧然，不过，静下心来倒也释然。因为这实质上彰显了自己所倡导的教研文章撰写时的一贯态度：不为点缀，只为自省。具体地说，平时撰写教研文章并不是为了卖弄浮名，而是课堂中产生了实实在在的问题。思考这些问题，解决这些问题，并把思考、解决问题的过程整理出来，就成了一篇篇文章。

以刘全祥老师撰写的《教育，基于经验的改造或重组》一文为例。苏教版课标实验教科书十一册第18面有一道这样的题：

 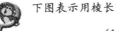 下图表示用棱长1厘米的正方体摆成的物体。

（1）从上面、正面和左侧面看到的分别是什么形状？试着画一画。
（2）这个物体的表面积是多少平方厘米？
（3）在这个物体上添加同样大的正方体，补成一个长方体。这个长方体的表面积至少是多少平方厘米？

在第一次执教时，刘全祥老师直接用 CAI 课件出示题目，然后请学生依次回答。但是从课堂反馈的效果来看，学生虽然掌握了用"画图求不规则物体表面积"的方法，但这种掌握基本上是通过灌输得来的，部分学生打心眼里并没有理解和认同这种方法。因此，过一段时间，当类似的题再度呈现在学生面前时，多数学生仍然感到糊涂。

为什么画图？怎么就想到了画图？学生真的感受到了画图的意义与价值吗？学生困惑的表情引起了刘全祥老师的沉思：是啊！明明是求一个物体的表面积，怎么就想到以画"观察图"作突破口？如果我们不是教师，如果我们没有先看教材、教参，我们能想到用画图法求这个不规则物体的表面积吗？尤其是，按照刚才的教法，学生能否对这一特定问题的特定解法作出系统的分析？更为深入地，在画图与求立体图形的表面积这些孤立的、看上去并无联系的事实背后，"是否隐藏着某种普遍的联系"？这种联系能否被纳入学生已有的经验结构之中？所形成的新的结构在什么情境中可以运用？又该如何运用？

刘全祥老师意识到，只有引导学生经历这样的思考，学生在课堂上看到的、听到的、思考过的数学才会真正转变为属于学生自己的数学。下面是刘老师思考后的再一次尝试。

师：什么是物体的表面积？

生：物体表面的大小叫物体的表面积。

生：立体图形所有看得到的面的面积的和，是这个物体的表面积。

师（出示小方块拼成的实物，如图1）：这是由棱长为1厘米的正方体摆成的一个物体，它的表面积是多少？

图1

生：我认为这个物体的表面积是32平方厘米。因为这个物体的长是2厘米，宽是3厘米，高是2厘米，面积是（2×3+2×2+2×3）×2＝32平方厘米。

生：我不同意。这是一个不规则的物体，不是一个长方体，不能用长方体表面积的计算公式计算。

生：可不可能是24平方厘米？我是这样想的，以前我们学过计算不规则图形的周长，直接计算很麻烦，后来通过平移线段把不规则图形变为规则图形然后计算它的周长就特别方便。所以我想，把前面这个小方块移到上面这个空缺，这个不规则物体就变成了棱长为 2 厘米的正方体，它的表面积是 $2×2×6＝24$ 平方厘米。

师：同学们觉得××同学的想法怎么样？

（一部分同学赞同，也有很多同学反对）

生：老师，我质疑一点（边操作边讲解），把这个正方体移到上面这个空缺，表面积好像变小了。就以正面这个面为例，原来有 5 个面，表面积应该是 5 平方厘米，可是移动后却只有 4 个面了，少算了 1 平方厘米。

生：是啊！其他面也好像少算了。

师：所以不能用移动法求不规则物体的表面积。（转向第二位发言的同学）你同意吗？（生答略）刚才××同学说正面这个面的面积应该是 5 平方厘米，有没有同学知道这个"5"是怎样来的？

生（用手指比划）：指这 5 个面，每个面的面积都是 1 平方厘米，所以一共是 5 平方厘米。

师：这样指来指去可能有些同学不明白，有没有办法把这 5 个面清晰地展示在所有同学的面前，让所有同学一眼就能看明白？

生：画！这 5 个面实质就是我们在正面看到的 5 个面。

师：是不是这样？（生答略）好！请同学们在操练纸上画一画。

（学生画图，交流后再让学生画从其他角度观察到的形状，并计算表面积）

师：今天我们研究了用画图法计算不规则物体的表面积。同学们学得很好，不过老师还想挑战挑战同学们（出示图2），这两个分别是什么图形？

图 2

生：长方体和正方体。

师：它的表面积是多少？（生答略）这两个物体还能用画图法计算它的

表面积吗？如果能，为什么不用画图法计算长方体和正方体的表面积？

生：老师，我发现长方体和正方体其实也可以用画图法计算表面积。用长方体作例子（实物展示平台投影学生作品，如图3），同学们你们看，这是长方体在上下、左右、前后各个面看到的平面图，由于长方体在每个面观察到的都是规则的平面图形——长方形，因此，每个面的面积不必像不规则物体那样，一个一个地数，可以直接用长方形面积公式计算……

上下   左右   前后

图3

师：他的意思听明白了吗？（转向发言的学生）你的意思是不是说长方体其实也能用画图法求物体的表面积，但由于长方体每个面都是规则的图形，因此，时间长了找到规律后就不用画了，直接用公式计算。（生点头）

师：看来画图法基本上能求出所有物体的表面积，只不过用不用画图法求表面积，要看具体情况，要具体问题具体对待。

（出示课本思考题和几个规则物体，求它们的表面积，巩固运用）

"教育就是经验的改造或重组。"小学生学习数学，总会自觉或不自觉地将新知同已有的认知结构进行对照，在已有的经验中寻找新知的原型或生长点。可以这样说，没有同已有的经验或结构发生联系的知识是无意义的，案例中后一次尝试的基点正在于此。第二次执教时刘全祥老师没有拘泥于以题解题，反而把所求问题放在"求任意一个物体的表面积"这样一个大的知识背景中，使学生不仅明确了"一个物体的表面积就是这个物体能接触到的所有面的面积和"，更明确了"画图法实质是求任意物体表面积的一般方法"。同时，学生在"既然能用画图法求所有物体的表面积，那么长方体、正方体为什么不用画图法求它们的表面积？"的追问中，建立了旧知识与当前所学知识之间的联系，丰富、补充和完善了自身的知识结构。同时，也体验到了具体问题具体分析的思想。

"问题—设计—行动—反思"，从上面的论述可以看出，案例的演绎过程其实正是问题的解决过程。在这个过程中，"问题意识"起到了相当重要的作用。文章从具体问题（用画图法求不规则物体的表面积这一知识点学生掌握得不理想）出发，再到核心问题（如何自然而非人为地让学生想到用画图法求不规则物体的表面积），最后到一般意义上的问题（在画图与求立体图形的表面积这些孤立的、看上去并无联系的事实背后，"是否隐藏着某种普遍的联系"），三个层面的问题构建了本次教学研究的框架，使教学研究过程既有实践的支持，也有理性的深入。

问题即课题，教学即教研，成长即成果，这在某种程度上彰显了教师具备问题意识的必要性。小学教师因为自身的局限，一般不太可能从事较大规模的理论研究。但是，与一般的理论工作者相比，小学教师也有自身的优势，即我们每天都在接触课堂、感受课堂。事实上真正能苦学生之所苦、惑学生之所惑的正是站在教育最前线的这些一线"草根"。因此，关注课堂，关注学生，关注问题，一线教师就能获得取之不尽、用之不竭的源头活水。

虽然写不出鸿篇巨著，但行走在芳草萋萋的小路上，也能收获另一种快乐！

李一鸣
深圳市教育科学研究院教研员

序言二

人生因爬坡而精彩

  人生的风景没有固定的模式，放弃追赶流行与时尚的步伐，也许会"收之桑榆"。上帝在这里关上一道幸福的门，必然会在别的地方为你打开一扇奋斗的窗。感谢黄老师，为我及我工作室的室友们打开了一扇扇窗口，让梦想和希望能透过这个窗口持续照进我们的现实，使我们也能在信念和责任中为自己延聘那一抹清晨的阳光……

——题记

  初次接触黄爱华老师，是在十几年前家乡的一次学术研讨会上。应仙桃市教育科学研究院的邀请，黄老师为全市数学教师讲了一节课——"百分数的认识"。课上，黄老师那从容不迫的教学风范、平易近人的教学态度、随机应变的教学机智、睿智幽默的教学语言……给人留下了深刻的印象。"冰冷的数学"原来还可以变得如此的美丽。我暗暗地惊诧，并暗自立志，我要像黄老师一样培养智慧的学生，而不是将学生培养成盛装知识的容器，无知无畏的我当时暗暗地下了决心。

  如同打开了潘多拉的魔盒，黄老师为我打开了通向数学、了解数学的窗子。透过这个窗口，我看到的是一个绿意盎然的世界。后来，书读得多了，对黄老师的了解也渐渐地加深，知道了他是全国著名特级教师，"深圳市十佳杰出青年"，深圳市"鹏城青年功勋奖章"获得者，两次获得全国课堂教学比赛一等奖……了解得愈多，梦离自己反而愈发远了：这样一个全国知名的教育界领军人物，我们怎么可能轻易亲近呢？

  后来，由于机缘巧合，我被调入福田区工作，并且有幸在刚到的第一年就加入了黄老师的名师工作室。终于有机会近距离"瞻仰"黄老师，我自然按捺不住内心的激动，十多年前的那个梦想又开始在心中蠢蠢欲动。

  由于同时兼任福田区所有校长、教师的培训任务，印象中黄老师非常忙，很少有与我们促膝长谈的机会。但每一次谈话，都能给我们以启迪。

与许多年轻教师一样，刚进入工作室的时候，我一味追求设计的新颖性，布局的精巧性，细节的精致性。每当看到学生跟着自己精心的预设或激动、或彷徨、或雀跃、或迷惘，或体验成功，或跌入陷井……我都为一切尽在掌控而常常感到得意。

好的教学应当崇尚简单，拒绝肤浅，为学生留下生命的痕迹。黄老师看似随意实则隽永的几句话引起了我的沉思：是啊！精致，在放大了课程细节而使课程纹路和脉络显得更为清晰的同时，也遮蔽了课程更为整体也更为本真的东西。而那，却是课堂的生命所在。我找来黄老师近年来所有的教学录像：从"认识圆"到"比较万以内数的大小"，从"百分数的初步认识"到"乘数中间有0的乘法"……蓦地发现，黄老师的课堂越来越简约，常常只是围绕知识的节点设计两三个问题。但正因为只有两三个问题，所以每次遇到学生不一样的想法，遇到与预设不一样的突发事件时，黄老师总会有超乎寻常的平常心。从容地让学生去说、去议，让更多的学生欣赏到旁逸斜出的风景，也让更多的学生能紧跟集体的步伐。因此，在黄老师的课堂，我们看不到一般教师赶教案的局促，相反，只看到一位智者与学生悉心对话时的从容；看不到学生的浅尝辄止，相反，只看到学生探本溯源的决心。

在学生的眼睛里读出愿望，从学生的回答中听出创造，在学生的发展中察觉出细微的进步和变化。于是，在一切看似偶然中，学生封存的记忆被唤醒，沉睡的潜能被激活，幽闭的心智被开启，囚禁的情愫被放飞。课堂上精彩不断，亮点不断。即使是那些平时有些木讷的学生，在黄老师的课上也仿佛换了一个人，他们侃侃而谈，平和的言语中折射着犀利，宁静的神态中展露着思考。

教师是深耕于教育这片土壤中的园丁，也是这片土地上最有活力的群体。也许是从教学一线走出来的缘故，黄老师始终认为，教师队伍一旦失却其专业地位，将会是一个深陷事务主义的盲目群体。因此，从我们进入工作室的第一天起，黄老师就致力于唤醒我们的专业主体意识。

因为自身也处在学科教育的前沿，黄老师总能通过各种人脉将各行各业中最负盛名的"大家"请来为我们作报告。这一方面提升了我们的眼界，另一方面却滋生了我们一个"陋习"：无论参加什么活动，都对活动抱有很高的期望。由于种种原因，学校乃至市、区的每一次教研活动献课的不一定都是名优教师乃至特级教师，而更多的是我们身边普通的同事。这些同事或一线老师执教的课，不可能每一节都能像名优教师、特级教师那样，经过精心设计和反复打磨，也不一定都能给观课教师以震撼与启迪。"好像没有什么了不起""和我讲得差不多"，带着这样的想法，我们常常乘兴而去，扫兴而归。

或许是看出了我们内心的失落，黄老师与我们一同参加了几次校本教研活动。每次活动后，黄老师都运用微格教学的原理，一个环节一个环节地写出自己的反思，或激励、或拓展、或延伸、或升华，并第一时间与我们分享。在黄老师的示范参照下，那些忽略的细节被逐一凸显，学生真实的起点被逐渐披露，教师不当的想法被修正……

看着黄老师那一篇篇听课笔记，对比自己的收获与体会，一阵羞愧涌上心头：是啊！名师的课、专家的报告固然能给我们带来收获，但我们亲身参与、组织乃至献课的"草根"教研活动，虽然错漏颇多，却更能成为我们思考的凝结点。

在这样的"草根"教研活动中，学生真实的状态能被展示，教师不成熟的想法能被彰显，师生真实的互动能被书写。在这样的活动中，我们不仅能看到学生真实的起点，也能看到教师真实的起点，更能看到师生真实的努力和成长。而所谓教学相长，不正是教师正视学生的真实状态，苦心孤诣解决一个个不曾预设的问题，在此过程中积累起来的经验和智慧吗？

于是，在黄老师言传身教的影响下，我们渐渐地学会了"把公开课上成常态课，把常态课当作公开课研究"的方法与态度。进而，我们慢慢地也能听出每节课中教者在细微处的努力，在平实中的匠心，甚至是失败中的尝试。

一棵树能够摇动另一棵树，一朵云能够推动另一朵云，一个灵魂能够唤醒另一个灵魂。写到这，忽然想到，在黄老师身边这几年，黄老师没有辅导我上过一节课，没有为我修改过一篇论文。但黄老师给我的，是更重要的做研究的方法，是不急不躁、不温不火、随意谦和的处世态度。在黄老师身边，总有一种新奇与感悟在体内升腾，总有一份鲜亮和纯净在心底升起。

浸润在黄老师的魅力下，我学会了自察与内省。

刘全祥

目　　录

辩在课堂

悟 在 课 堂

哲思数学课 *Zhe Si Shu Xue Ke*

思在课堂

　　从根本上说，思考不过是关照自己灵魂的一面镜子。在思考中，在发现他人的同时，也会发现一个新的自己。在思考教育的价值取向时，掂量的其实是自己所秉承的课程宗旨；在思考教育的实施策略时，反观的其实是自己所拥有的教育智慧；在思考课堂的生成效果时，最终检验的其实是自己所信奉的质量内涵。一句话，思考就是反思自己。

仰　望

　　仰望，是一种精神上扬的生存姿态，是凝神贯注的张力，似鲜花绽开，如泉水喷涌；仰望，是一种穿越灵魂的行走方式，是皈依崇高的渴盼，能支撑血肉之躯，净化生命。

　　一个民族有一些关注天空的人，他们才有希望；一个民族只是关心脚下的事情，那是没有未来的。原国务院总理温家宝的这段话虽然是针对国家、针对民族而讲的，但对我们每一个教师来讲同样适用。

　　作为普通教师理所应当仰望名师。名师是一种财富，是一笔宝贵的资源。品味名师，咀嚼名师，走近名师，追其根、溯其源，既沉湎于对名师"一招一式"的模仿，也不忘挖掘名师背后特定的文化背景，感受他们的厚重、从容、优雅、大气……在"探本穷源，兼收并蓄"中，不知不觉地积淀底蕴、涵养精神、提升境界。

　　然而，由于条件限制，经常听到身边的同事抱怨：我们这里没有钱梦龙，没有李镇西，没有吴正宪，没有黄爱华，没有刘莉……我们仰望谁呢？

　　毗邻名师是一种幸运，但身边没有名师不见得就是不幸。正如人们常说的，并非只有完美的作品才会引起人的遐思，并非只有经典的课堂才具有研究的价值。

　　古人云：三人同行，必有我师；十步之内，定有芳草。在漫漫的教育道路上，认真地听身边老师的课，就如同认真地与一位位勤勉的人交谈；走近一位位勤勉的人，就会为自己的教学开启一扇扇通往阳光的门。

　　发现别人的优点，也能开拓自己成长的空间。仰望别人的优点，我们会发现，只要努力，我们也可以做得更好！

　　花未全开，月未圆。仰望，就是追求崇高。也许我们永远抵达不了崇高的境界，但我们可以仰望，让崇高引领我们前行。

早莺总是落阳枝

六月，雨后初晴，球场上满是泥泞。临近毕业，作为班主任，对足球不甚了解的我，却和孩子们在球场上欢呼雀跃。

我们的对手实力强劲。赛前，他们已买好了庆功的蛋糕。"能不能让这个蛋糕变成我们的战利品?"我兴奋地问我的学生。"能! 我们一定要让对手的庆功宴变成我们胜利的晚餐!"孩子们激动地攥紧拳头。

比分一直僵持不下，中场结束前，对方获得禁区内点球机会。顿时，全场"剑拔弩张"。"没事! 即使没有扑到球，我们也还是亚军!"我高声喊道。守门员轻舒一口气，顽皮地眨了下眼睛。此刻，球，凌厉而来，却被轻巧扑出。

点球没进，极大地挫伤了对方的士气。最终，我们班以 2∶0 的比分赢得了比赛，欢呼声立刻包围了我们。在欢快的笑声中，教室的门被推开了，对手搬来了大蛋糕，领头的队长似乎含着眼泪说："刘老师，蛋糕是为冠军准备的，我们输了比赛，就不配吃蛋糕了……"

稚气未脱的孩子们竟有这样的想法，我暗自吃惊。身为人师，如何保护孩子们向上的心态和向善的举动呢? 如何让我的孩子们也感受并领略到这种心态与举动呢? 我思索片刻，决定把"球"踢给孩子们，"大家说这蛋糕是咱班每人一份，还是……"话音未落，孩子们脱口而出："不! 刘老师! 蛋糕应该还给他们! 虽然我们今天赢了，但他们的足球水平确实比我们高!"

于是，蛋糕在两个班的教室之间传来传去，球赛的故事幻化为一首优雅的旋律，一遍遍回响在学子楼的走道里……

早莺争暖，纷纷落在向阳枝。这是教育的本质归属，它意味着教育更多的是以一棵树摇动另一棵树，以一朵云推动另一朵云，以一个灵魂唤醒另一个灵魂。因此，教师要传播真谛、演绎善举，就要化作一棵树，化作一朵云，与学生共摇曳，与孩子同舞蹈，在心与心的碰撞中，点化生命，润泽灵魂。

课堂茫然之后的思考

一张长方形纸片，如何用涂色的方法表示其1/2？学生的方法很多（如图1）。

图1

可是一个同学却把纸片的一面全部涂上了颜色（如图2）。问其原因，学生振振有词："老师，你让我们把这张纸的1/2涂上颜色，这张纸有两面，两面的一半是一面，所以应该把这张纸的一整面全部涂上颜色，才可以真正表示这张纸的1/2。"

图2

"学生的想法很有道理。"课后，老师们都惊叹于这名学生想法的独特，同时也很欣赏这名学生不唯师、不唯上、不人云亦云、勇于坦陈自己真实想法的胆识与智慧。不过正如课堂教学中所呈现的，顺承学生的思路进行教学会陷入一种"尴尬"：同一张纸，它的1/2既可以用图3（a）表示，也可以用图3（b）表示。

(a)　　　　　　(b)

图3

5

原因是单位"1"发生了变化，图3（a）是把纸的一面看作单位"1"，图3（b）是把纸的正反面合起来看作单位"1"。当然，教师可以这样告诉学生，不过这可能会带来更大的干扰。因为上述环节设计的本意是让学生明白，同一张纸（即单位"1"不变）虽然折法不同，涂颜色部分各异，但是由于涂色部分始终是"不变的纸"的一半，所以涂色部分都可以用分数1/2来表示，进而帮助学生跳出颜色、形状等外在表象，理解"1/2"的本质内涵。试想如果单位"1"在变化，怎么会有这样的效果？况且，在分数的初步认识的起始课中，学生接触的单位"1"都是单个的物体，而图3（b）显然是把一个物体的几个部分合起来看作单位"1"，这里单位"1"有整体的倾向，这无疑会增加学生抽象思维的难度。

此时，教学出现了两难。部分教师认为，这是由于执教教师语言不规范所致，具体地说，"一面纸"和"一张纸"是两个截然不同的概念，案例中的教师混淆了二者的区别，将本应是"一面纸的1/2"描述成"1张纸的1/2"，差之毫厘，谬以千里，因此学生把"1个面的1/2"涂成"2个面的1/2"也就是意料之外，情理之中了。

果真如此吗？笔者以为，上述教学之所以出现争议，主要是学生的数学常识性错误所致。众所周知，点无大小，线无粗细，面无厚薄。案例中的老师一再强调长方形纸片，说明案例中的老师不管是否有意识，但实质上，他已设定了一个前提：即他本意所属的、为学生提供的那一张张研究素材早已不再是"体"，而是一个个"图形"——平面图形（在课堂的初始环节，很多老师用圆片、纸片代替蛋糕、苹果等实物也从侧面证明了这一点）。既然不是"体"，而是"平面图形"，它就不再有厚薄，没有厚薄，也就不存在有两个面。因此，涂出长方形纸片的1/2，只能是涂出它"1个面"的1/2。

课堂教学永远是一门遗憾的艺术，发现自己的不足，其实就是开拓自己的成长空间，同时也惊见自己还有增长的空间。事实上，初见学生的回答时，我们也与案例中的老师一样感到茫然。幸运的是，通过同伴的交流、朋友的互助以及自己的潜心思考，我们发现，只要努力，我们也可以做得更好，于是又有了向上攀登的动力。

这是教学反思给我们最丰厚的馈赠！

种豆得豆，为得豆而种豆

没有任何一种投入是不希望回报的。春种秋收，种豆得豆，不望得豆谁会去种豆？可是就是这么简单的道理，落实在我们的数学课堂时居然变得虚幻起来。

笔者曾在五年级一节"数的整除"复习课中，看到教师设计了这样一个题目：在1、2、4、15和28中，哪个数与众不同？

在教师的引导下，学生纷纷回答：因为只有2是质数，所以2与众不同；因为1既不是质数，也不是合数，所以1与众不同；因为只有4比1多3，所以4与众不同；因为只有15的十位数是1，所以15与众不同……教师随机小结：由此可见，每个数都能与众不同，你们的每一种想法都是正确的……

"学生的每一种想法都是合理的"，笔者忍不住想问：这个开放题引入的目的是什么？难道仅仅是为了激发学生的积极性？为了激发学生的积极性而无视学科教学内容，试问学生如何能在规定的时间里完成课程标准规定的学习内容？学生又如何能达到应有的技能水平？没有基本知识和基本技能的落实，没有数学思想和数学方法的保障，能否称得上是数学的学习？学生的数学学习还有什么实际意义？

鉴于此，笔者认为，引入开放题应遵循一个原则：情理交融，理趣共生。具体地说，开放题的引入既要有利于激发学生的兴趣，更重要的，要能更好地为数学学习服务。事实上，两者完全可以兼得，如下面这个案例。

在教学"分数的意义"的过程中，一位老师设计了两道开放题。

（1）请你用下图中任意一种材料表示出分数"1/2"。

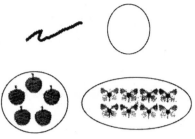

（2）你能用下图中的材料表示出哪一个分数？

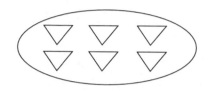

这两道开放题可以从不同侧面、不同角度加深学生对分数意义和本质的理解。具体来讲，第一题，用不同的材料表示同一个分数。这些材料，虽然形状不同（有曲线、有平面图形、有实物），属性不同（有单个物体，也有多个物体组成的集合体），但却都能够用来表示分数"1/2"。这样就促使学生从物的表面形态中抽象出来，理解分数的本质：分数与"物"的形状、大小、类别、属性无关，只要所取物体占物体总数的一半，那么这个数就可以用分数"1/2"表示。第二题，用同一材料表示不同的分数。这同样带给学生一个疑问：为什么是同一个图形，能表示的分数却不相同呢？显然，这个问题也将引导学生再一次对分数的内涵进行深入思考：虽然是同一个"整体"，但平均分的份数不同，取的份数也不相同，表示的分数当然各不相同。

鱼与熊掌，二者可以兼得。从上面的论述可以看出，"开放"不仅为学生个性的张扬提供了空间，更重要的是，学生的个性化理解是学生深入理解数学本质内涵的基础，是学生深入学习的媒介和桥梁。显然，这样的"开放"不仅是有意义的，同时也是受学生欢迎的。

最好的学习动力，是对所学材料的兴趣。热情的激发，兴趣的保持，不能只靠外部的、形式化的东西解决。数学只有植根于自身思想与意义的土壤，用自身的深邃打动学生，才能跳出枯燥、乏味的牢笼，才能让学生保持持久的敬仰，数学教学才能焕发出无限的魅力！

不是料子，做出样子

这是一节语文课，讲课者是一位年轻的教师，执教的篇目是《梅兰芳练功》，原文如下：

梅兰芳是我国著名的京剧表演艺术家。

他8岁那年，曾跟一位有名的先生学戏。这位先生反复教他，他没有学会，先生见他进步太慢，就说他不是学戏的料子，没心思再教他了。临走时，先生对梅兰芳说："祖师爷没给你这碗饭吃，我也没办法。"

先生走了，可他的话，常常在梅兰芳的耳边响起，像针一样刺疼他的心。他常想，我真不是学戏的料子吗？梅兰芳下定决心，一定要学好戏，闯出个样子来。

后来，梅兰芳进了一个叫"云和堂"的戏班子拜师学艺。云和堂的吴先生对弟子的要求十分严格，对梅兰芳也不例外。

一次，吴先生教梅兰芳练跷功。吴先生搬来一条板凳，上面放一块砖，让梅兰芳踩着半米多长的高跷站在砖头上，并要求一次要站一炷香的时间，中间不准休息。开始，梅兰芳一站到那么高的地方，心里就很慌张，站一会儿腰又酸，腿又疼。梅兰芳为了练出过硬的功夫，硬是咬着牙坚持着，连腿都站肿了。

练了一个秋天，梅兰芳的跷功大有长进，吴先生连连称赞。梅兰芳并不满足，想方设法要使自己的跷功更上一层楼。

冬天，他自己浇了一个小冰场，踏上高跷，在冰场上跑。那光滑的冰面，不要说踩高跷，就是在上面走路，也难免要摔跤。梅兰芳身上经常被摔得青一块紫一块。每次跌倒，他都立即爬起来，继续练。吴先生看见后，劝他休息几天。梅兰芳说："先生，您不是常说，练功练功，一日不练三日空吗？"吴先生听后不住地点头。

正是凭着这种顽强的毅力，梅兰芳从小打下了扎实的功底，后来终于

成为一名蜚声海内外的京剧艺术大师。

我不是语文老师，语文也不是我的兴趣所在，因此很难跟随老师精心的预设而随旌起舞。不过，或许正因如此，我反而得以从教师一环扣一环的设问中跳离出来，以一位旁观者的身份去审视语文课堂给我带来的体验。

我想，如果我是这节课堂上的一个学生，听完这个老师上课之后，一定会对梅兰芳的第一位先生产生怨怼。

首先，我们不妨先看看文章的行文结构。《梅兰芳学戏》是一个典型的总分总结构。文章第一自然段总写梅兰芳是我国著名的京剧表演艺术家。然后第二至第七自然段具体描写梅兰芳学戏的过程，最后第八自然段又照应开头，描写梅兰芳凭借顽强的毅力终于成为蜚声海内外的京剧艺术大师。第二部分又可分为两层。第一层为第二、三自然段，描写梅兰芳第一个先生对他的评价，第二层为第四至第七自然段，描写梅兰芳如何刻苦练戏。

与之相对应的，教师的教学过程如下。

教师在检查学生预习后，让全班学生读课文，并提问："课文从第几节到第几节是写梅兰芳练功的？"

"第四至第七节。"

"那课文第二、三节是写什么的？"

"写的是第一个先生对梅兰芳老师的评价。"

"梅兰芳第一个先生是怎样评价他的？"

"不是学戏的料子，不适合唱戏。"

"祖师爷没给你这碗饭吃，我也没办法。"

"听了先生的评价，梅兰芳是怎样做的？他放弃了吗？"接下来教师以"下定决心，一定要学好戏，闯出个样子来"展开教学。

听到这里，笔者不禁有些担心，一名被老师鉴定为"不是学戏的料子，不适合唱戏"的学生，在换了一个老师后，却通过自身的努力，成为蜚声海内外的著名京剧表演艺术家，这会给学生一个什么样的印象？对于前一个老师，学生又会有怎么样的评价？学生在头脑中会不会留下一个错误印象：学业出了问题时，责任不在自身，而在老师——是老师没有找到适合自己的教育方法。

笔者认为，这本不该是文章所折射的价值，教学可以从另一个角度去解决。例如解决这样一个问题：梅兰芳是一位蜚声海内外的著名京剧表演艺术家，可是初学京剧的时候，却被第一个老师评价为"不是学戏的料子，不适合唱戏"，你怎样看待他的第一个老师？

　　这个问题至少有两个意义：第一，能让学生追溯梅兰芳成功的原因；第二，也是更重要的，学生在溯因的过程中，还可以对第一个老师进行理性的判断。事实上，第一个老师也没有错，至少作者对他没有偏见。从文章的字里行间可以看出，第一个老师是一个有名的老师；其次，他也很努力、很尽心，他曾"反复教梅兰芳"。因此梅兰芳第一次学戏没有成功，并不能说明他的失败，影响成功的因素有很多，梅兰芳的可贵就在于听了老师的评价后不是怨怼，不是自暴自弃，而是反省、奋发图强，进而走出了一条"不是料子，做出样子"的道路。

　　不识庐山真面目，只缘身在此山中。跳出"山"外，在朦胧课程的细节，使得课程的纹路和脉络显得模糊飘忽时，反而彰显了更为整体也更为本真的东西。而这，却也是课程的生命所在。

　　这也揭示了一名数学教师叙述语文故事的意义所在。我们有时应该让自己后退几步，再后退几步，或许在课程的历史景深中，我们会有一种别样的视野，会有一种更为从容、淡定的心态。

米来了，老师您是巧妇吗

由于生活经历不同、家庭环境不同、思维方式不同，每个人对同一问题的理解与建构也各不相同。当学生带着丰富的理解和建构走进课堂的时候，一方面为教学提供了生长点和着力点，但更多的是对教师的教学机智提出了挑战，因为教师需要在短时间内发现、选择、重组教育信息，设计教学结构，使课堂教学既动态生成，又井然有序。下面"栽蒜苗（一）"的教学案例就很好地证明了这一观点。在"栽蒜苗"的教学中，教师首先让学生将课前观察测量到的蒜苗生长高度汇报并整理到黑板上。"如何直观地反映出不同同学的蒜苗在同一天的生长高度呢？"显然，这个问题非常简单——画统计图。可是统计图每一竖条的方格比较少，而需要统计的数据却比较大，如何解决这一难题？教师放手让学生自主探索，随后组织学生汇报交流。学生汇报的方法主要有（以学生发言为序）：用一格表示数字（如图1）；在竖条上面加格（如图2）；把基数定大一些，比如说从10开始（如图3）；当一列竖条不够时，到旁边的空白竖条中接着画（如图4）……那么，哪一种方法最好呢？比较鉴别后，同学们共同选择了第一种方法。

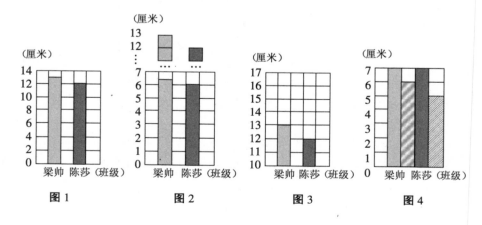

图1   图2   图3   图4

粗看以上的教学片段，似乎无可厚非：学习是自主的，思维是活跃的，学生通过努力也达成了教学目标。但仔细一想，却又颇值得商榷。首先，教师是以选拔、甄别的眼光看待学生提出的方法，在肯定了一种方法时，无形中也打压了其他的方法；其次，也是最重要的，学生汇报交流的几种方法并非并列，而是逐层递进的关系。比如在竖条上加格（如图2）是最简单的方法，但也是最麻烦、最不美观的方法；在旁边接着涂格（如图4）虽然避免了在竖条上加格有碍美观的弊端，但容易引起误解，如第二竖条就不知道是左边的一栏还是右边的一栏；把基数定大一些（如图3）虽然解决了上面两种方法的不足，但基数变大，就不能真实、直观地反映各种统计数量之间的差距；只有用一格表示数字（如图1）才能圆满地解决上述所有的问题。上述案例中的教师显然没有意识到这一点，而是脚踩西瓜皮，点到哪就让学生汇报到哪。因此，学生的汇报没有层次，交流没有脉络，学生的思维都处于一种混沌状态，互相干扰。

反思上面的片段，应该说学生几乎穷尽了能解决"格子不够"这一难题的所有可能，换言之，学生丰富的想法为教师的教提供了很好的着力点和附着点。但米有了，为什么一袋好米没有做成一锅熟饭呢？笔者认为，一是教师教育机智的问题，更重要的是，教师是否精心预设了课堂的问题，即上述问题教师完全能够而且应该在课前想到并做周密的设计。这实际上也是笔者想借此传达的一个重要观点，即课堂上教师收放自如的教学表现与其说是教育机智不如说是精心设计。强调这一点的意义在于，让课堂远离神秘主义，课堂教学只有罩上理性的光辉，才可能"登堂入室"，揭开神秘的面纱，一窥它光晕萦绕下的光环与魅力。

思

在

课

堂

将故事演变成策略

很多教师常常援引克里特岛迷宫的故事讲述逆推这种解决问题的策略。

一位王子要营救困在迷宫里的公主，可是迷宫错综复杂，没人带路，一旦误入其中，就难以脱身，再也找不到出来的方向了。怎么办呢？王子苦思冥想，终于想出来一个主意。他找来一团红线，将红线一端拴在迷宫的入口，另一端拿到手中，然后，进入迷宫寻找公主。历尽千辛万苦找到公主后，王子循着红线，又一步一步倒回来，最后终于顺利闯出了迷宫。

故事有些浪漫的色彩，操作起来也有些难度，但其中"按原路倒回去走"的方法却彰显无遗。不过很明显，故事在这里虽然也部分凸显了"逆推"的意义与价值，但只是浅尝辄止，引入故事更多的是为了揭题。尤其考虑到教材编排的两个例题（例1借助直观的倒水过程，体验"倒过来推想"的思考方法；例2则借助典型的倒过来推想的过程，进一步加深对使用这一策略的认识和体会）都侧重于解题的经历及相关的技巧和方法，因此单纯用故事揭题很容易使教学仅仅停留在解决某一问题、获得某一结论或答案的层面。并且，逆推问题思路单一，解题程序比较机械，知识教学目标很容易达成，学生就更是如此。因此，如何不让问题的解决成为学生学习的唯一？如何让学生深刻地感受逆推策略的特定意义与价值？笔者进行了一番思考，改进方法就是将故事演变成策略。

下面的图1是一个数字迷宫平面图，共有7个入口和1个出口，当相邻的两个数字之和是3的倍数时，才能从它们中间通过。

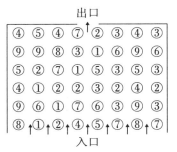

图1

刚开始学生都顺着想，但想着想着就遇到了麻烦：经常是选择了一个入口费尽千辛万苦却不能顺利到达出口，换其他入口也是如此。有没有更好的办法一次就能找到出口呢？教师的适时点拨犹如为学生点亮了一盏明灯。

既然有路线可以穿过迷宫，那么反过来按照同样的路线，也一定可以回到出发点。因此，不妨把出口当作入口，按照游戏中的规则反过来走（如图2），这样，一次就可以找到问题的答案（如图3）。

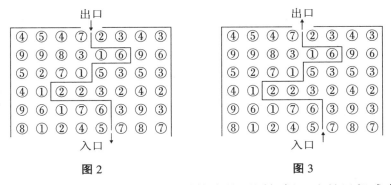

图2   图3

对同一素材的不同处理彰显了对策略的不同把握，这是思想或者是思路！"问题分析——策略提炼——反思建构——策略应用"，在后一种尝试中，学生经历了产生、提炼、建构、应用策略的过程，在这个完整的过程中，解题思路、逆推策略的问题模型、逆推策略变与不变的内隐结构、举重若轻、化繁为简的价值与意义在跌宕起伏的情境中给学生留下了深刻的印象。

存在即合理

1/2＋1/4 如何计算？分子加分子，分母加分母，因此 1/2＋1/4＝（1＋1)/(2＋4）＝2/6，刚刚接触分数时，学生常常犯这样的错误。教师认为，这是受整数加减法和小数加减法相关知识负迁移的影响。很长一段时间内，笔者也持相同的观点，但是，最近一次的教学经历改变了笔者对这一问题的看法。

在一次同课异构中，一位年轻教师创设情境，学生抽象出算式 1/2＋1/4 后，教师让学生自主探索。学生的计算方式多种多样，有转化成小数计算的，有通分后再计算的，有通过画图表示结果的。其中有一个学生却是这样计算的：

1/2＋1/4＝（1＋1)/(2＋4）＝2/6。

"1/2 有圆片的一半吗？"

"有。"

"2/6 呢？"

"没有。"

"你发现了什么问题吗？"

"我算得不对，越加越少了。"

学生意识到了自己的错误。

表面看来，问题似乎解决了。不过，出乎意料的是，在后续的练习中该学生又犯了类似的错误。

存在即合理。既然差错反复出现，说明一定有其必然的原因。正是在对这种"必然性"与"合理性"的持续追问中，我们才可以更深入地了解学生的学习方式与思维方式，也可以更深入地理解教学内容的本质。鉴于此，笔者决定与这个学生谈谈。

"1/2 是把圆平均分成了 2 份，取了其中的 1 份；1/4 是把这个圆平均分成了 4 份，取了其中的 1 份，合起来就有两个圆，两个圆一共分成了 6 份，阴影部分占 2 份，所以用分数 2/6 表示。"

学生的想法虽然是错误的，但从学生思维的角度出发却有一定的合理性，至少代表了一部分"后进生"的想法。

仔细分析，学生之所以这样理解是因为教师的操作不规范。具体地说，为了教学方便，教师常常简单地把两部分相加直接用括号连接（如图 1）。此时就正如学生所说，由于阴影部分是作为整体的一部分与整体一起呈现的，因此学生在观察阴影部分时，不可避免地也注意到了整体。阴影部分在增加，整体也在相加，也就是学生前面所说的，分子相加，分母也在相加。

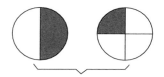

图 1

因此，上述操作过程有必要做一些改动。下面是笔者与该学生交谈后的又一次尝试，在学生尝试通过画图表示计算结果后（如图 1），我问道："1/2 指哪一部分?""1/4 呢?"随着学生说出答案，我相继将图片折成了图 2（右）。

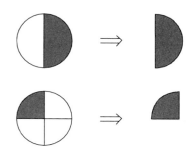

图 2

"1/2＋1/4 也就是哪两部分相加?"学生回答后，我将相应部分贴在空白圆片上，形成图 3（右）："现在涂色部分应用什么分数表示呢? 为什么分母 2 不用加上分母 4 呢?"

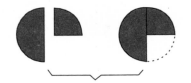

图3

"老师，从图中看得很明显，1/2＋1/4 只表示两个阴影部分相加，因此，异分母相加，在把它们化为相同计算单位之后，分母是不变的，只把分子相加。"

学生的清晰表述，说明他们已经抓住了问题的关键。教师应知道，在教学中，当学生无法给出预期的正确答案时，应静下心来，走近学生，与学生交流，从学生的角度分析问题，才能近距离地感受他们的困惑，从而服务于学生，让每一个学生的潜能得到开发。

何为尊重学生

尊重是教育的重要原则，但尊重并不只是简单的关怀体贴，也不只是和蔼可亲，而是对学生内在需要的理解和满足。因为现代师生关系是一种新型、民主、平等的伙伴关系。

《学会生存》一书中指出："教师将越来越成为一个顾问、一位交换意见的参加者，一位帮助发现矛盾论点，而不是拿出现成真理的人。"试想：一个不了解学生想法的人怎么能当好"顾问"呢？明确学生的内在需求，才能满足学生。但在实际教学中却并不是这样。例如在"平行四边形的面积"的教学中，教师要求学生读课题后，一个同学提出了自己的疑问："平行四边形的面积公式是不是也是相邻两条边的乘积？"这个问题提得很好，反映了学生的真实思维水平。因为"平行四边形的面积"教学是安排在正方形和长方形面积教学之后的，学生在以往学习中发现平行四边形、正方形和长方形一样，对边都平行，都有四个角、四条边。而正方形和长方形的面积都等于相邻两条边的乘积，因而，学生猜想平行四边形的面积是不是也等于相邻两条边的乘积，这样的猜想难道不是学生顺理成章、自然迁移的表现吗？提出自己的猜想之后，学生最迫切的想法一定是想知道自己的猜想是否正确。如教学顺应学生的思路展开，首先出示一个长方形（如下图实心图），接着逐渐将长方形"拉动"（如下图虚线图），要求学生仔细观察，随着长方形的"拉动"，有没有发生变化？发生了怎样的变化？此时，再要求学生将平行四边形转化成一个学过的图形。这样，学生自然会将平行四边形转化成长方形，从而推导出平行四边形的面积公式。

这样设计"教学"，不仅从根本上消除了学习的负迁移现象，而且，学生能真正体会到教师对自己内在需要的尊重，可惜的是多数教师却置学生的"愿望"于不顾，只是按照教材的编排亦步亦趋，即首先出示方格模型，要求学生数方格，从感性上认识平行四边形的面积和同底等高的长方形的

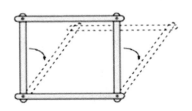

面积相等；接着要求学生通过剪、拼、贴，将平行四边形转化为等底等高的长方形，进而推导出平行四边形的面积公式。这种以书本为中心的教学，何谈对学生主体人格的尊重？在教学中，教师要想学生之所想，急学生之所急，一切从学生需要出发。只有这样，才能确立学生的主体地位，才能真正做到尊重学生。

没有平等，没有交流，就没有教育

有一位主任在放学后巡校时，无意中发现一对男女学生躲在班级一个角落里接吻，主任非常生气，没想到在高中最紧张的冲刺阶段，竟还有学生置高考于不顾，还有闲情逸致谈情说爱，碍于情面，他只留下了男生。

在办公室，主任开始与学生谈话。

师："你刚才在干什么？"

生："没干什么？"

师："你老实说吧，我都看见了。"

生："你都看见了还问我干什么？"

……

下面的交谈可想而知，双方的言辞越来越激烈。最后，这位主任终于按捺不住，吼了一句："不知羞耻的东西，牲口不如！"

事情还远没有结束，男孩儿觉得自己的人格受到了侮辱。

第二天，他来到学校，只在桌上留下一封信就不辞而别。

科任老师进班时发现少了一个学生，接着在男孩课桌上发现男孩有意留下的那封信，打开一看竟是一封遗书，就连忙通知了班主任，班主任又报告了校长，最后，大家放下所有的工作，到这个男生可能去的地方寻找。

几个小时过去后，学生仍然毫无踪迹，最后没有办法，学校通知了家长，家长是公安局的，一听绝了香火，断了子嗣，气急之下，要和主任拼命……主任想是由于自己教育方法不当给学校带来了这么大的麻烦，因此没有心思吃饭睡觉，不休不眠竟在办公室迷迷糊糊过了三天……

第四天早晨，当所有人都心力交瘁、精疲力竭之时，男孩出现了。他径直走到政教处，只对主任轻轻地笑了笑说："这几天过得还好吧？"

事情的后续发展已经不重要了。作为一名教育工作者，我们更关心的是受教育者和教育者为何会存在这样对峙的关系？甚至不惜以牺牲学校和家人的尊严为代价，毕竟，学校经历了这次事件，威望全无；家长经历了这次事件，也羞愧难当，用孩子父母的话说，孩子死了更好，至少自己还是一个受害者。可是孩子开了这样一个玩笑，搞得自己在老师面前抬不起头，在单位也成为同事们的笑柄……

这一切都源于孩子，但又不能全怪孩子。同样是面对高中生的早恋问题，另一位教师却处理得迥然不同。

一位教授到某高中参观，校长邀请他为全校师生做演讲。演讲完毕，一学生提问道："石教授，您是全国著名的学者，您是如何看待高中生恋爱问题的？"

校长一听，手中捏了一把汗，生怕教授讲出与学校教育精神背道而驰的话。

"不管是高中生，还是大学生，抑或将来踏入社会，初恋始终是人类精神殿堂中最美好、最神圣、最温馨的一种情感。"教授话音刚落，台下就掌声雷动，老师和领导却局促不安。

教授挥了挥手，示意学生安静下来。"古希腊著名哲学家亚里士多德说，人的爱情有三种。"教授寥寥几笔，在展示平台上画了一个人。"每一种都对应着人体的一个器官。"学生睁大了眼睛。"第一种对应着人的肚脐，所以叫肚脐眼上的爱情。又叫植物爱情。为什么叫肚脐眼上的爱情呢？因为肚脐眼和植物一样，是没有思想、没有灵魂的，这时的恋爱完全就和植物一样，仅仅是一种本能，是繁殖后代的需要。"

同学们屏住了呼吸，教授轻轻地说："高中生谈恋爱当然不属于这一种，高中生谈恋爱比这高尚得多。"

"第二种叫胸部上的爱情。为什么叫胸部上的爱情呢？同学们都知道，人的胸部或者说人的内心是管人的欲念的。人内心有许多欲念，比如说想和异性交往，就是人的很多欲念中的一种。但是为什么要和异性交往？交往的基础是什么？以后怎么办……其实，这些都是没有经过审慎思考的。因此，这就和动物一样，交往时更多的只是一种需要、一种欲望，所以第二种爱情又叫动物爱情。"

"至于第三种，聪明的同学可能已经想到了。"教授指了指自己的头说："第三种就是脑部爱情，也叫人类爱情、理性爱情。这时的爱情是经过认真思考的，是在对未来、对对方进行了审慎思考的基础上选择的，因此它最理性、最可靠，也最可能得到幸福……"

　　"同学们，你们认为高中生谈恋爱属于哪一种？"台下鸦雀无声。"不过，不管属于哪一种，老师都希望你们现在能抑制内心的欲望，好好学习，携手共进，用自己的努力为你心中的他或她的将来谋划一片幸福的天地！"

　　此时，台下掌声雷动，校长也舒展开了笑脸。

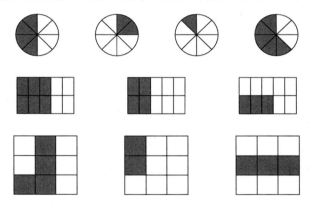

穿越石头的风景

这是工作室组织的一次同课异构。研讨的内容是"异分母分数加减法"（人教版课标实验教科书五年级下册）。老师们呈现的课例都很精彩，不时擦出创新设计的火花，其中一位老师的独特设计引起了大家的关注。

片段回放：

（CAI 课件呈现图片）

师：你能用分数表示图中的阴影部分，并指出它的分数单位吗？

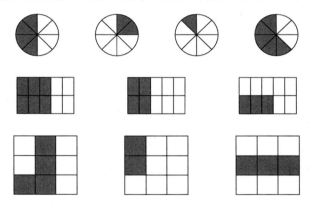

生：把一个正方形平均分成 9 份，阴影部分占 9 份中的 2 份，用 2/9 表示，它的分数单位是 1/9。

生：我说第二排中间这个分数，把单位"1"平均分成 10 份，阴影部分占 4 份，用分数 4/10 表示，它的分数单位是 1/10。

……

（生自由说，教师相机板书分数）

师：你们能任意选择两个分数说出一个加法或减法算式吗？

（生自由列，教师板书）

课后，很多老师非常赞赏这一教学情境。大家认为，这一情境至少有三个优点。第一，为新知教学做了铺垫。只有计数单位相同才能直接相加减，这是加减法运算的前提与基础。对于本课而言，计数单位在这里指的就是每一个分数的分数单位，因此，让学生用分数表示图中的阴影部分并指出其分数单位，实质上就是一种新知教学的铺垫。第二，为学生自主学习提供了充足的研究素材。正如案例中呈现的"你们能任意选择两个分数说出一个加法或减法算式吗？"随着教师的提问，学生列出了很多算式，其中既有同分母分数相加减的，也有异分母分数相加减的。实际上，既准备了复习的材料，也提供了新授的知识目标。而且，由于素材来自学生，学生容易感到亲切，有利于学习任务的完成。第三，有助于直观地理解算理。如"3/10＋4/10"，学生可以通过拼摆图直观地感知，3 个 1/10 加上 4 个 1/10就是 7 个 1/10，也就是 7/10。

不过，陶醉之余，隐隐地觉得有些不妥。通常在进行同分母与异分母分数相加减时，这些分数已经脱离了具体的物象，具有高度抽象性。因此，只要分母相同，其分数单位就相同。但是，美中不足的是，上述图形无意中破坏了这一前提。具体地说，当学生列的算式是 1/8＋2/5（即第一行第三个与第二行第二个）时，即使学生通分后变为 5/40＋16/40，由于单位"1"不同（一个是把"圆"看作一个整体，一个是把"长方形"看作一个整体），即使它们的分母都是 40，也不能直接相加减。这正是后续教学中"一段路先走了1/3，再走了剩下的 1/3，问走了几分之几？"不能直接通过（1/3＋1/3）计算的原因。

而这会引发我们的另外一种思考，面对异分母分数加减法，我们如何看待教材中的情境？

笔者认为，教材的编排都是经过精心考量的。这不仅表现在它将所有的分数都置于同一个背景中（单位"1"相同）。更主要的是，看似简单、不能直观地揭示算理的情境实质上为学生自主推敲算理提供了充足的时间和空间。前面的"简"是为了后面更好地"繁"：学生可以转化成小数然后计算；可以先通分后计算；可以折纸或者画图计算……无论采用哪一种方法，都有一个共同的前提：相同的计数单位才能直接相加减。正是对上述所有方法"同"的关注，学生才有机会脱离"形"的束缚，深入计算的本质，深刻地理解异分母分数加减法的算理。

在一块石头上看到风景，从一粒沙子里发现灵魂。在新课程理念指导下，教师不再仅仅是教材的忠实执行者，更多的是教学资源的组织者和开发者。实质上，这对教师提出了更高的挑战与要求，教师只有尊重教材，认真解读教材，深入理解教材背后的内涵，"透过石头看风景"，才可能超越教材，创造性地使用好教材。

信己是树，持己是花

希腊哲学家赫拉克利特说过："人不可能两次踏进同一条河流。"但在现实中，在同一个地方我们却可能跌倒好几次。

一次同课异构研讨的内容是"买票的学问"（北师大课标实验教科书数学第九册）。每当我们呈现主题图（如下）后，总有几个学生钻牛角尖：团体 5 人（包含 5 人）什么意思？是不是必须得 5 人或 5 人以上？如果是 4 个人能不能买团体票？

长城旅行社推出 A、B 两种优惠方案。

A
景园一日游
大人每位 160 元
小孩每位 40 元

B
景园一日游
团体 5 人以上
（含 5 人）
每位 100 元

 怎样买票省钱？

"4 个成人买个体票每张 160 元，4 张一共 640 元。但如果买团体票，每张 100 元，4 个人买 5 张也只需要 500 元。换句话说，4 个人买团体票即使浪费 1 张门票，也可以少花 140 元。"

"更何况多的那张门票也可以不浪费，把它打折卖给其他游客，这样又可以多省 100 元！"

一石激起千层浪！大家你一言我一语，争论的焦点已完全转移到如何处理多出的那张门票上来。虽然教师尝试用规范来引导学生思考这样"操作"的合理性，但在"如何买票最划算"这一大的课题背景下，道德引导的力量显得很微弱。更关键的是，"买票的学问"本意是让学生根据人数不同、人员组成的不同，灵活选择不同方案进行购票。但是，由于部分学生钻牛角尖，却不得不把大量的课堂时间聚焦在研究如何处理多出来的门票

上，显然，这偏离了教学主旨，也浪费了教学时间。

教师应尽力避免出现上述情况，其中关键在于数据。其一，1张成人票160元，1张儿童票40元，换句话说，一张成人票可以折换成4张儿童票。考虑到游乐场的顾客主要是儿童，成人主要是陪儿童去玩儿的，而成人票价和儿童票价相差如此之大显然有些不合理。其二，4个成人买5张团体票，即使浪费1张也比买4张个人票更划算，旅行社正式推出的售票方案，不可能有这么大的漏洞。从这两方面考虑，上述数据应该做一些改动，如可将成人票每张改成120元，儿童票每张改成80元。这样调整后课堂就再也没有遇到过类似的尴尬了。

问题即课题，教学即研究，成长即成果。作为一名一线教师，课堂无时无刻不产生问题，面对这些问题，我们是望眼等待，还是沉下心来潜心思考，答案无疑是后者。教师正是在对自己的不断问询中，才得以逐渐摆脱依赖和恐惧，达到生命的宁静、丰富和澄明。

教育，经验的改造或重组

如何运用有效传递知识的方法，让学生生动活泼地获取知识，这虽已不是新话题，却仍时讲时新。

在工作室常态课研究时，对一道习题的探讨和处理更加深了笔者对这一观点的认识。

案例（苏教版课程标准实验教科书第十一册）：

下图表示用棱长为 1 厘米的正方体摆成的物体。

（1）从上面、正面和左侧面看到的分别是什么形状？试着画一画。

（2）这个物体的表面积是多少平方厘米？

（3）在这个物体上添加同样大的正方体，补成一个长方体。这个长方体的表面积至少是多少平方厘米？

第一次执教：

1. CAI 课件出示图示，依次提出问题，解答。

2. 出示一道类似的题，巩固运用。

刚开始，学生对此都习以为常，没有引起他们的警觉。因为对于课后的思考题，平时也是这样处理的，而且从课堂反馈的效果来看，学生也基本掌握了"画图求不规则物体表面积"的方法。

但是，答案的获得就等同于教学任务的完成吗？为什么画图？怎么就想到了画图？学生真的感受到了画图的意义与价值吗？其他教师看似随意实则让人深省的几句话引起了我们的深思：求物体的表面积怎么就想到了以画观察图作为突破口？如果我们没有先看教材和教参，是否能想到用画图法求不规则物体的表面积？尤其是，按照我们的教法，学生能否对这一特定问题的特定解法作出系统分析？在画图与求立体图形的表面积这些孤

立的、看上去并无联系的知识背后，是否隐藏着某种普遍的联系？这种联系能否被纳入学生已有的经验结构之中？新的知识结构在什么情境中可以运用？如何运用等。只有引导学生进行这样的思考，学生在课堂上看到、听到、思考过的数学才会真正转变为他们自己的数学。下面是交流后的又一次尝试。

师：什么是物体的表面积？

生：物体表面的大小叫物体的表面积。

生：立体图形所有看得到的面的面积之和，是这个物体的表面积。

师（出示小方块拼成的实物，如图1）：这是由棱长为1厘米的正方体摆成的一个物体，它的表面积是多少？

图1

生：我认为这个物体的表面积是32平方厘米。因为这个物体的长是2厘米，宽是3厘米，高是2厘米，因此，面积是（2×3＋2×2＋2×3）×2＝32平方厘米。

生：我不同意。这是一个不规则的物体，不是一个长方体，不能用长方体表面积的公式计算。

生：有没有可能是24平方厘米？我是这样想的，以前我们学过计算不规则图形的周长，直接计算很麻烦，后来通过平移线段把不规则图形变为规则图形，然后计算它的周长就特别方便。所以我想，把前面这个小方块移到上面这个空缺，这个不规则物体就变成了棱长为2厘米的正方体，它的表面积就是2×2×6＝24平方厘米。

师：同学们觉得××同学的想法怎么样（一部分同学赞同，也有很多同学反对）？

生：老师，我质疑一点，（边操作边讲解）把这个正方体移到上面这个空缺，表面积好像变小了。就以正面这个面为例，原来有5个面，表面积应该是5平方厘米，可是移动后却只有4个面了，少算了1平方厘米。

生：是啊！其他面也好像少算了。

师：所以不能用移动法求不规则物体的表面积（转向第二位发言的同学）。你同意吗？（生答略）刚才××同学说正面这个面的面积应该是5平方厘米，有没有同学知道这个5是怎么来的？

生（用手指比画）：指这5个面，每个面的面积都是1平方厘米，所以一共是5平方厘米。

师：这样指来指去可能有些同学看不明白，有没有办法把这5个面清晰地展示在所有同学的面前，让所有同学一眼就能看明白？

生：画！这5个面实质上就是我们在正面看到的5个面。

师：是不是这样？（生答略）好！请同学们在操练纸上画一画。

（学生画图，交流后再让学生画从其他角度观察到的形状，并计算表面积）

师：今天我们研究了用画图法计算不规则物体的表面积的方法。同学们做得很好，不过老师还想挑战一下同学们（出示图2），这两个分别是什么图形？

图2

生：长方体和正方体。

师：它们的表面积分别是多少？（生答略）还能用画图法计算这两个物体的表面积吗？如果能，为什么不用画图法计算长方体和正方体的表面积呢？

生：老师，我发现长方体和正方体其实也可以用画图法计算表面积。用长方体作为例子（实物展示平台投影学生作品，如图3），同学们你们看，这是长方体从上下、左右、前后各个面看到的平面图，由于长方体从每个面观察到的都是规则的平面图形：长方形，因此，每个面的面积不必像不规则物体那样，一个一个地数，可以直接用长方形面积公式计算……

上下　　　　　　左右　　　　　　前后

图3

师：他的意思听明白了吗？（转向发言的学生）你的意思是不是说长方体其实也能用画图法求表面积，但由于长方体每个面都是规则的图形，因此，时间长了找到规律后就不用画了，直接用公式计算？

师：看来画图法基本上能求出所有物体的表面积，只不过用不用画图法求表面积，要具体情况具体分析。

（出示教材思考题和几个规则物体，求表面积，巩固运用）

"教育就是经验的改造或重组。"小学生学习数学，经常自觉或不自觉地把新知同已有的认知结构进行对照，在已有的经验中寻找新知的原型或生长点。可以说，没有同已有的经验或结构发生联系的知识是无意义的。后一次尝试的基础正在于此。第二次执教时，教师没有拘泥于以题解题，反而把所求问题放在"求任意一个物体的表面积"这样一个大的知识背景中，使学生不仅明确了"一个物体的表面积就是这个物体所有能接触到的面的面积和"，更明确了"画图法实质上是求任意物体表面积的一般方法"。同时，学生在"既然能用画图法求所有物体的表面积，那么长方体、正方体为什么不能用画图法求表面积"的追问中，建立了旧知识与新知识之间的联系，丰富、补充和完善了自身的知识结构，并且体验到了具体问题具体分析的思想。

思想是课堂的风骨

教贵有法，但无定法。课堂教学是否设置情境，或者说究竟设置哪一种情境，最有发言权的应该是一线教师。教师根据自身的教学特点或学生的实际情况，运筹谋划，课堂或许会呈现"水光潋滟晴方好，山色空蒙雨亦奇"的效果。结合"商不变的性质"（人教版课标实验教科书第七册）的两个经典导入，笔者谈谈自己的体会。

案例1：吴正宪"商不变的性质"课程的导入。

吴老师微笑着走上讲台，声情并茂，娓娓道来。

花果山风景秀丽，气候宜人，那里住着一群猴子。有一天，猴王给小猴分桃子。猴王说："给你6个桃子，平均分给你们3只小猴吧。"小猴一想，自己只能得到2个桃子，连连摇头说："太少了，太少了。"

同学们瞪大了眼睛，静静地倾听。吴老师绘声绘色继续讲。

猴王又说："好吧，给你60个桃子，平均分给30只小猴，怎么样？"小猴子得寸进尺，挠挠头皮，试探着问："大王，再多给点行不行啊？"猴王一拍桌子，显示出慷慨大度的样子："那好吧，给你600个桃子，平均分给300只小猴，你总该满意了吧？"小猴听到猴王要给600个桃子，开心地笑了，猴王也笑了。

同学们坐在位子上，已笑得前仰后合，只见吴老师话锋一转："猴王和小猴的笑，谁是聪明的一笑？为什么？"

……

数学源于生活，不仅指客观世界的真实生活，也包括与儿童息息相关，符合儿童年龄特点的想象生活，如童话故事、寓言神话等。创设符合儿童年龄特征、彰显学科本质特点的数学生活问题情境，不仅有利于激发学生的兴趣，而且有利于沟通学生经验世界和数学世界的联系，吴正宪老师的"商不变的性质"的导入很好地体现了这一点。课堂一开始，吴老师就创设了猴子分桃的问题情境，极大地激发了学生的学习兴趣。课堂的妙处不止于此，"猴子分桃"的故事情趣高而寓意深，巧妙地把"被除数与除数同时扩大相同的倍数，商不变"这一枯燥而抽象的规律变为有趣而贴近儿童生活的故事情节，这样就使学生理解故事的过程变为挖掘情境背后蕴含的数学关系的过程。

案例2：钱金铎老师"商不变的性质"课程的导入

（CAI课件呈现）

1. 视算（学生在练习纸上写答案）

$$12÷3=\underline{\quad} \qquad 50÷10=\underline{\quad} \qquad 100÷5=\underline{\quad}$$
$$120÷30=\underline{\quad} \qquad 60÷15=\underline{\quad} \qquad 360÷90=\underline{\quad}$$

2. 对比练习口算

A组：	B组：	C组：
$10÷2=\underline{\quad}$	$8÷4=\underline{\quad}$	$200÷2=\underline{\quad}$
$40÷4=\underline{\quad}$	$16÷4=\underline{\quad}$	$200÷10=\underline{\quad}$
$180÷60=\underline{\quad}$	$160÷4=\underline{\quad}$	$200÷20=\underline{\quad}$
$280÷40=\underline{\quad}$	$320÷4=\underline{\quad}$	$200÷40=\underline{\quad}$

师：同学们手中都有一个答案卡，请同学们把答案写在纸上。

（学生练习后，师组织学生汇报）

师：你能发现其中哪一组有什么规律，或有什么特点吗？

生：B组被除数依次乘2，除数不变，商变了。

（师板书：除数不变，被除数变，商也变）

师：随便变的还是有规律变的？

生：有规律的变。

师：同桌之间说说是怎么变的？

（同桌交流后，教师组织学生汇报）

生：除数不变，被除数扩大几倍，商也扩大几倍。

师：C组按照什么规律变化？

生：被除数不变，除数扩大几倍，商反而缩小几倍。

师：除了被除数不变、除数不变，还可能什么不变？

生：商不变。

师：可以举个例子说说吗？

……

数学原理的来源有两个：一是来自数学外部现实社会的发展需要；二是来自数学内部的矛盾，即数学本身的发展需要。因此，数学课堂上的情境，不应只包括现实的生活情境，也应包括抽象的数学情境。事实上，数学教学的某些内容直接从数学情境引入，可以促使学生在较短的时间内直面数学本质问题，将有限的课堂教学时间聚焦在对数学本质的理解上，这有利于学生感受数学内在的魅力，也是让学生对数学保持长久兴趣的关键所在。钱老师的课就是对抽象数学情境的一种尝试。课一开始，教师就通过对几组"式"的计算、观察和比较，让学生直观感知"被除数不变，除数和商""除数不变，被除数和商"的变化规律，进而自然地让学生猜想"在除法算式中还有什么可能不变呢？它又有什么规律呢"。这样，就使对"商不变的规律"的探索置于"除法式规律"这样一个广阔的数学背景中，增加了探究的容量，课堂也因此显得大气；同时，"商不变的规律"因为既有"除数不变规律"（除数不变，被除数扩大或缩小几倍，商也扩大或缩小相同的倍数）的铺垫，又有"被除数不变规律"（被除数不变，除数扩大或缩小几倍，商反而缩小或扩大相同的倍数）的对比与反证，因此学生头脑中的"商不变的规律"的知识点变得更灵活、更深刻、更具有鲜活的生命力。

思想是课堂的风骨。苏格拉底曾说："未经省察的人生没有价值。"其实，未经思辨的教学设计同样没有意义。因此一线教师不应习惯于模仿，而要习惯于创造；不应习惯于被告诉，更要习惯于思考。这不仅是教师专业主体意识觉醒的需要，是教学实际的需要，更是教师形成自己教育智慧的需要。

不仅仅是学习方式的问题

在多次教学中发现，有一道题学生的错误率非常高。

把一段 2 米长的绳子剪成相等的 5 段，每段是全长的 ____，每段是 ____ 米。

这次，我们又开始尝试解决。

第一次，以学生交流为主。但是四五个学生发言之后，发现学生并不能把解决方法说清楚，其他学生也是越听越糊涂。因此，改为小组讨论，希望学生能先理清思路，但是全班发言的时候情况依旧。

第二次，调整了教学策略，以教师讲解为主。按照课前预设的思路，引导学生列出算式：①$1 \div 5 = 1/5$；②$2 \div 5 = 2/5$，并让学生对比，观察异同点。正如所料，学生发现了很多规律，第一，无论有无单位，两题的算式有一点是相同的，都是除以总份数，以上题为例，平均分成了 5 份，就除以 5，也就是说分母始终相同；第二，没有单位时，是取的份数（1 份）占总份数（5 份）的几分之几，即取的份数除以总份数，所以是 1 除以 5；有单位时，是用单位数（此题具体指米数）除以总份数。

本以为这样的讲解够具体、够深入、够具有可操作性了，可作业交上来，结果又一次出乎我们的意料——不对比倒好，一对比学生更迷糊了，对于什么时候应该选择哪一个算式，学生就如同在掷骰子，撞大运。

问题到底出在哪里呢？

试着分析以上两次教学，无论是教师讲解还是学生自主发现，其实质都是一样的，都是把两个相近的内容进行对比，让学生分析、比较其不同，进而厘清要点、记忆掌握。

的确，这是人们掌握易混淆知识点的常用方法，是人类同化和顺应新知识，将新知识纳入已有认知结构的一种主要方式，实践证明这也是一种行之有效的教学方式。但正如一位心理学家指出的，并不是所有的比较都对知识的迁移有促进作用，相反，如果两部分的知识点过于接近，不恰当的对比反而更容易造成混淆。

这正是前两次尝试都失败的一个根本原因，因此，这又给我们以启发：教学能否反其道而行之，将两个知识点进行时空上的隔离，进而进行有效的厘清呢？下面是笔者的尝试。

首先，CAI课件呈现下面两道题：

1. 把12颗糖平均分成2份，每份是多少颗？

2. 把12颗糖平均分成4份，每份是多少颗？

"会做吗？"随着我的提问，学生脸上露出不屑的表情。

"这是二年级的题目，我们都读五年级了，还不会做？"

"用总数量除以平均分的份数，就得到每份的数量，到二年级随便拉一个学生保证都不会出错。"

听到学生的回答，我不慌不忙，又抛出第三道题：把12颗糖平均分成24份，每份是多少颗？

"现在呢？"

"换汤不换药。和上面一道题还不是一样？只不过平均分的份数多了一点，每人分到的不是一个整数，不够一颗，要用分数表示。计算复杂了一些，但实质还是二年级的题目。"

听了同学们的回答，我故作夸张，竖起大拇指，说："真了不起，同学们怎么都变成孙悟空了，都像有火眼金睛，能透过现象看本质。不过，老师想增加难度，再考考同学们。下面这两道题会做吗？"（边提问，边呈现CAI课件）

1. 把3千克的苹果平均分成5份，每份是____；2份是____；

2. 把单位1平均分成5份，每份是____；2份是____。

学生很快完成了练习。交流汇报后，我故作诧异："怎么？这两题题目完全不同，答案却完全一样！这是怎么回事？"

"老师，我觉得这两道题实际上是一样的，因为第一题里'单位1'就是指'3千克的苹果'，因此这里'3千克的苹果'可以换成'单位1'，这样一换，两题就完全一样了。"

"是吗？这个'单位1'除了可以指3千克的苹果，还可以指？"

"可以指2块蛋糕。"

"可以是 4 张圆形纸片。"

"可以是 10 米长的绳子。"

……

学生一边回答，我们一边利用教育技术的优势，快速现场编制了下面这些题：

把 2 块蛋糕平均分成 5 份，每份是____；2 份是____；

把 4 张圆形纸片平均分成 5 份，每份是____；2 份是____；

把 10 米长的绳子平均分成 5 份，每份是____；2 份是____；

……

并请学生现场作答："现在，你们认为答案可能是多少呢？"

"仍然是 1/5 与 2/5。"

"为什么？"

"因为不管具体的物体怎样变，数量怎样变，它们实质都可以换作三个字：单位 1，根据分数的意义，把单位 1 平均分成 5 份，其中的 1 份就是 1/5，其中的 2 份就是 2/5。"

"换句话说，五年级的题目和物体的名称与物体数量的多少有没有关系？"

"没有。"

"那么，现在你们会做了吗？老师这里还有几道对比练习。不过做之前，老师请同学们首先思考，哪些是二年级的题，哪些是五年级的题？如果是五年级的题，我们应该先做什么（把具体的物体换成单位 1）？如果都思考清楚了，请在操练本上写下算式与答案。"

这一次教学，结果出乎意料的圆满。

以上教学之所以取得成功，关键在于教师改变了教学策略，没有比较二者的异同，而是反其道而行之，从时间与空间上将二者隔离开，并分类整理，使学生在题组中深刻体会两者的实质。

站在学生的角度考虑问题

儿童是教育过程中的主体，"教育从儿童出发"成为当下教育最重要的特征之一。但是不能否认，受学科特点的影响及篇幅和呈现形式等因素的制约，教材通常是以静态的方式直接呈现知识结论。这些结论对于成人是很容易理解的，但对学生来讲，却不容易理解。

以"两位数乘两位数"（北师大版课程标准实验教科书三年级下册）的

图 1

思

在

课

堂

教学为例,"一幢新楼,每层14户,共12层,可住多少户?"(如图1),教材呈现了三种算法:①14×10=140,14×2=28,140+28=168;②12×10=120,12×4=48,120+48=168;③竖式。

观察这三种算法后可知,三者都用到了"拆分"的方法。但是,为什么拆分?怎么就想到了拆分?学生真的感受到了拆分的意义与价值吗?尤其是,如果没有事先看书,家长没有事先辅导,学生能自然地想到将12拆分成10和2,而不是其他的任意两个数吗?而且,为什么只拆其中一个因数而不是将两个因数同时都拆了呢?

学生的学习应该像呼吸一样自然。本节课的授课重点虽然是竖式计算,但拆分却是竖式计算的基础。以学定教,为学生需要而教。因此,教师首先要做的是,让学生自然地理解将其中一个因数拆分成整十数和一个小于10的自然数的必要性。下面是一位教师的尝试。

在创设情境抽象出算式后,教师为学生提供了一张"点子图"(如图2),同时要求学生在手中的点子图上面画一画,找到计算14×12、12×14的方法,并将思考过程写在纸上。

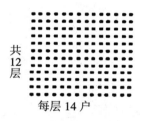

共
12
层

每层 14 户

图 2

图 3 是部分学生的计算结果。

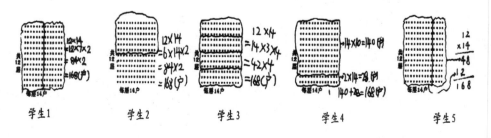

学生1　　　学生2　　　学生3　　　学生4　　　学生5

图 3

然后，教师组织学生进行交流。通过交流，学生逐渐明白，虽然各种拆法都能解决问题，但将且只将其中一个因数拆成整十数和另一个自然数这个方法是最简捷、最方便、最自然的，也是大家普遍采用的算法。

　　神奇但不神秘，数学应该以自身的魅力吸引学生。作为教师，应该让学生相信数学是自然的，而非人为的、突兀的。这就要求教师坚持"儿童本位"的教学理念，站在学生尤其是"后进生"的角度，用童心捕捉语言、用童心渲染情感、用童心思考问题，这样才能从儿童容易接受的角度，促进儿童自然地成长。

思 在 课 堂

都是"方便记忆"惹的祸

每一届毕业的学生当中都有口算基础比较薄弱的，今年又遇到了这样一个学生。跟以往一样，我把这归咎于学生不熟练乘法口诀，于是我布置他们背诵乘法口诀。

可是第二天出一道类似的题时，学生还是答不上来。气愤之余，检查前一天的作业时，我出乎意料地发现，他对"九九乘法口诀表"倒背如流。

看来并不是对口诀不熟练，那么问题究竟出在哪里呢？

众所周知，乘法口诀表有两种："小九九"乘法口诀表和"大九九"乘法口诀表。"小九九"乘法口诀表有45句，"大九九"乘法口诀表有81句。为了减小记忆量，各种版本的教科书上提供的都是"小九九"乘法口诀表，虽然方便记忆，但却给学生学习带来了麻烦。

具体地说，当学生遇到商大于除数，如"45÷5＝?"的时候，脑海中总是先出现"五"的口诀，可是在"五"的乘法口诀中，最大是"五五二十五"，找不到"五几四十五"，部分学生就卡在这里。

无独有偶，面对商小于除数也有类似的困扰，如"63÷9＝?"学生看到除数是9，难免首先想到"九"的口诀，九几六十三呢？可是在"小九九"乘法口诀里，没有九几六十三，学生背得滚瓜烂熟的是"七九六十三"，不熟悉"九七六十三"。

看来，是"方便记忆"惹的祸！

为了弥补"小九九"的缺陷，我采取了两种策略：第一，课内引导学生补充背诵"大九九"乘法口诀表；第二，指导学生读"小九九"乘法口诀表时，除采取横着读、竖着读的方式之外，还增加了转弯读。如背诵乘法口诀，"一五得五，二五一十……"当学生读到"五五二十五"时，我没有让他们停下来，而是引导学生继续往右下"拐"："五六三十，五七三十五，五八四十，五九四十五"。事实证明，这样背诵之后，那个学生就不再困惑了，因为当他再遇到"45÷5＝?"的时候，他读到"五五二十五"发现不够45时，他就会按照拐弯读的方法，继续下去："五六三十，五七三十五，五八四十，五九四十五"从而得出答案是9。

读懂学生、读懂学生的错误不是一个新话题，但真正实现却不容易。解读学生的错误，最忌讳的便是教师想当然。事实上，教师在解读学生的错误时，大多都是根据已有的教学经验去诊断错题发生的原因。但当连续几次提醒与纠正后，相似的错误仍在学生中屡次出现时，教师必须蹲下身来，静静反思教学。因为学生反复出现的错误在一定程度上会折射出我们在教学中的偏差！

思

在

课

堂

教育，有时很简单

这是一节推门课。

课前，教师给学生布置了三个任务：第一，自己动手制作一个圆柱；第二，写出制作的步骤；第三，记录制作过程中的发现。

课堂在学生操作的基础上展开。

"谁来说说你是怎么制作圆柱的？"课一开始，教师开门见山。听了教师的询问，我暗暗点头。教学从学生的亲身体验入手，值得期待。

"我准备了三张纸、圆规和剪刀……"学生的表述自然流畅，一听就知道前一晚做了认真准备操作，这堂课一定会有很多有价值的内容，我暗自期待。

"能不能直接说出制作步骤？"教师打断了学生的陈述，语气虽然委婉，却透着坚决。学生有些手足无措，但看得出来，这是个应变能力很强的学生，老师要什么，他就能给什么。

"我先准备一张纸，然后把它卷成圆筒，再剪两个底面，就做出来圆柱了。"

"同学们，你们也是这么做的吧？"教师顺水推舟，"那你们在做的过程中发现圆柱侧面和圆柱底面有什么关系？"这时，即使是学生也能感受得出什么才是老师最关心的问题。也难怪，因为这正是本课教学的关键。

"圆柱侧面的长和圆柱底面的周长相等。"学生的声音依旧响亮。但是很明显热情降低了很多。

我的心也随之沉寂了！剩下的时间里，我的眼前总是浮现出那名"老师需要哪些就能给什么"的学生。他究竟被老师打断了什么？在他因被打断而省略的陈述背后有什么有价值的教学内容？或者说适合本课的生长点……

下课后我直接找到了那名学生。

"现在还愿意跟老师讲讲圆柱的制作过程吗？"

虽然只是第二次见面，孩子倒不生分，"老师，其实为了今天的发言，我昨晚做了认真准备。我发现制作圆柱并不容易，特别是制作规定圆柱的底面。为了让圆柱的底面和侧面配套，我和同学们基本上都是先用一张长方形的纸卷出圆柱的侧面，然后再把这个圆筒竖立起来，压在另外两张纸上，用铅笔绕着圆筒侧面，画出两个圆，最后把这两个圆剪下来。很麻烦！而且稍不小心剪出来的圆就会和侧面不配套！"

"那你觉得可以怎样改进？"

"要是让我再制作一次，我不会这样。"孩子边说边用手比划，"我会先剪两个圆，折出圆的直径，算出它的周长，然后再用这个周长作为长方形的一条边，用任意长度作为长方形的另外一条边。这样不仅方便，而且可以做出底面固定但高不相等的任意圆柱体。"

"你的发现，全班同学都发现了吗？"

"应该有不少同学也有类似的发现。"

我突然觉得有些黯然！

"老师，其实我还有一个发现，就是班上为什么很多同学做出的圆柱都是瘦瘦高高的，身材都那么好。其实这是因为很多同学做圆柱时，不是用长方形宽作的高，而是用长方形长作的高，这时宽的长度才应该是底面周长。因此，我并不赞成老师说的，圆柱侧面展开是一个长方形，长相当于底面周长，宽相当于圆柱的高。我觉得正确的说法应该是，圆柱的侧面展开是一个长方形，长方形长和宽中的某一条边相当于圆柱的底面周长，另一条边相当于圆柱的高。"

听了学生的论述，我愈发黯然。

我们经常抱怨学生的知识面窄、竞争力差，缺少创新意识与创新精神。作为教师的我们可曾想过，我们自己总是在既定的教学轨道中亦步亦趋，按部就班，我们总是拒绝倾听孩子的心声，我们总是关闭与孩子心灵相通的通道，长此以往，学生怎么能张扬个性、放飞思想，闪烁出求异的光芒呢？

倾听与拒绝倾听是两种截然不同的态度，结果也是截然不同的。仔细想想，教育有时很简单，简单得只需要一次充满理解与信任的静静的倾听。

从阿凡提更改遗嘱说起

　　一个商人临死前准备将自己 11 匹价值连城的骏马全部留给他的三个儿子，于是，他立下遗嘱：11 匹马中的一半分给长子，1/4 分给次子，1/6 分给小儿子。看到这份遗嘱大家都有点手足无措。11 匹活生生的骏马怎么能分成相等的两份？抑或 4 份、6 份？无奈之下，儿子们请来阿凡提，阿凡提牵来一匹马，把自己的马与商人的马合在一起，然后将 12 匹的一半（6 匹）给了老大，1/4（3 匹）给了老二，1/6（即 2 匹）给了老三。6 加 3 再加 2 正好是 11 匹。至此，在众人惊讶的目光中阿凡提顺利解决了分马的难题。

　　如今，这一经典故事也被引入教材（详见北师大课标实验教科书六年级上册第 76 页）。从教材编排来看，引入这一故事是为了引导学生从"比"的角度解决问题：老大、老二、老三分别分得老人全部马的 1/2、1/4、1/6，也就是老大、老二、老三分得的马的数量比是 1/2∶1/4∶1/6，化简后得 6∶3∶2，这样，这些马一共被分成了 6＋3＋2＝11 份，每份 11÷11＝1

匹，因此老大分得 6 匹，老二分得 3 匹，老三分得 2 匹。

真是匠心独运，从"比"的角度切入，表面看来确实能够化繁为简，就易避难。但在实际教学中却很容易陷入困境，表现为教学中容易出现只"关注知识"的现象。这是因为在实际教学中这道题几乎都是分两步解决的：第一步，创设情境，让学生自主尝试；第二步，在学生用分数的意义尝试无果后，教师引导学生从"比"的角度去思考。这就凸显了一个问题，学生并不觉得阿凡提的分法是合理的。

因为根据遗嘱，老大、老二、老三分别应分得 11 匹马的 1/2、1/4、1/6，而阿凡提却变成分得 12 匹马的 1/2、1/4、1/6，显然，阿凡提偷换了"单位 1"，进而也就更改了老人的遗嘱。同时，也对按比例分配的方法提出了质疑：明明大儿子、二儿子、三儿子只应分得 $5\frac{1}{2}$ （$11 \times \frac{1}{2}$）匹、$2\frac{3}{4}$ （$11 \times \frac{1}{4}$）匹、$1\frac{5}{6}$ （$11 \times \frac{1}{6}$）匹，而按比例分配后，三人实际却分得了 6 匹、3 匹和 2 匹。为什么按比例分配与按分数的意义所得的结果不一致？在不懂得原理的情况下，学生会对阿凡提的智慧提出质疑：阿凡提分马不是依靠智慧，可能只是蒙混他人——不经老人的同意，擅自更改老人的遗嘱！而这显然背离了教材的价值导向。

教学不仅要关注知识，同时也要尊重知识本身的价值导向，虽然是数学课，但二者也不可偏废。那么如何二者兼得呢？笔者认为并不复杂，只需引导学生观察一个基本事实：原来的遗嘱提出的分配方法比数相加为 1/2＋1/4＋1/6＝11/12 不为 1，这就决定了，如果用宰杀马匹的方法来执行遗嘱的话，就会余下 11/12 匹马（即一匹马的 11/12）。

事实上，到此为止，也可以算完成了老人的遗嘱，但如果尊重老人的本意——将 11 匹价值连城的骏马全部留给三个儿子，那么多出的 11/12 匹马仍然要继续分下去。

	老大	老二	老三
第 1 次	$\frac{11}{2}$ （$\frac{11}{2 \times 12^0}$）	$\frac{11}{4}$	$\frac{11}{6}$
第 2 次	$\frac{11}{2 \times 12^1}$	$\frac{11}{4 \times 12}$	$\frac{11}{6 \times 12}$

哲思数学课 Zhe Si Shu Xue Ke

续表

	老大	老二	老三
第 3 次	$\dfrac{11}{2\times12^2}$	$\dfrac{11}{4\times12^2}$	$\dfrac{11}{6\times12^2}$
第 4 次	$\dfrac{11}{2\times12^3}$	$\dfrac{11}{4\times12^3}$	$\dfrac{11}{6\times12^3}$
第 5 次	$\dfrac{11}{2\times12^4}$	$\dfrac{11}{4\times12^4}$	$\dfrac{11}{6\times12^4}$
……	……	……	……
第 n 次	$\dfrac{11}{2\times12^{n-1}}$	$\dfrac{11}{4\times12^{n-1}}$	$\dfrac{11}{6\times12^{n-1}}$

以老大为例，显然，老大依次分得的马是一个比值为 1/12 的等比数列，经过 n 次分配后，老大分得的马之和为：$S_n=\dfrac{11}{2\times12^0}+\dfrac{11}{2\times12^1}+\dfrac{11}{2\times12^2}+\dfrac{11}{2\times12^3}+\cdots+\dfrac{11}{2\times12^{n-1}}$

当 n 无穷大时：

$$\lim_{n\to+\infty}\left(\dfrac{11}{2\times12^0}+\dfrac{11}{2\times12^1}+\dfrac{11}{2\times12^2}+\dfrac{11}{2\times12^3}+\cdots+\dfrac{11}{2\times12^{n-1}}\right)$$

$$=\lim_{n\to+\infty}\dfrac{\dfrac{11}{2}\times(1-\dfrac{1}{12^n})}{(1-\dfrac{1}{12})}$$

$$=\lim_{n\to+\infty}6\times(1-\dfrac{1}{12^n})$$

$$=6\lim_{n\to+\infty}(1-\dfrac{1}{12^n})$$

$$=6\times(1-\lim_{n\to+\infty}\dfrac{1}{12^n})$$

$$=6\times(1-0)$$

$$=6$$

同理可推得老二、老三分别应分得骏马 3 匹、2 匹。

表面看来，上述解法很复杂，涉及的如等比数列求和与极限思想等知识也超出了小学生的知识范围，但阿凡提以及按比例分配的方法的意义正在于此。实际上，当学生隐约地感受到老大、老二、老三分得的马不止 $5\frac{1}{2}$、$2\frac{3}{4}$、$1\frac{5}{6}$ 匹，并且觉得上述方法非常繁琐的时候，教师就可以顺着学生的思路，引导其联系最近学过的知识进行思考。山重水复疑无路，柳暗花明又一村，当学生用按比例分配的方法解决问题后，学生的那份惊喜、那份克服挫折后的喜悦，是难以比拟的。

重要的是，只有经历了上述探索，学生才能感触到遗嘱与案例中那位老人的本意相矛盾的地方，从而认识到阿凡提的睿智。笔者以为，故事最吸引人的地方在于阿凡提在很短的时间内就洞察了"遗嘱与老人本意自相矛盾的地方"，并戏剧化地创设了一个情境，提出了解决方案，既尊重了老人的本意，又让人们折服在他的奇思妙想中。

思 在 课 堂

角度一变天地宽

在学习了把一个物体、一个图形、一个整体平均分成 1 份或几份，用几分之一或几分之几表示的基础上，再学习"分数的意义"，目的在于进一步明晰分数的内涵，抽象分数的概念，并认识分数单位。这里对"单位 1"的教学是重点，"单位 1"可以指一个物体、一个计量单位，还可以指由许多物体组成的一个整体。

由于学生正处于由具体形象思维向抽象逻辑思维过渡的阶段，基于此，教师教学时常常无意地把一个整体看作"单位 1"。这无意间给学生一种消极的影响——一看到许多物体，就下意识地看作"单位 1"。如"用分数表示下图的涂色部分"，很多同学就认为涂色部分应该用 9/12 表示。（如图 1）

图 1

原因是把三个正方形平均分成 12 份，阴影部分占 9 份，所以用分数 9/12 表示。

虽然老师反复纠正，还提供了对比练习（如图 2）。但正如认知心理学所认为的，并不是所有的对比练习都能促进正迁移，相反，当两者特征完全相反时，对比练习反而容易引起认识混乱。导致若干天后类似的题目再次出现时，学生还是会犯类似的错误——以往的教学经历也反复验证了这一点。

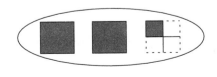

图 2

人类历史上最早使用的数是自然数（正整数），用一个标准的量（度量单位）去度量另一个量，正好量尽时就用一个整数来表示度量的结果，不能得到整数的结果时就产生了分数。

分数与整数一样，都是人类度量计数的结果，这也给了我们教学以启示，下面是笔者的再一次尝试。

课一开始，先出示2个正方形（如图3），并问学生正方形的数量。

图3

"2个。"学生异口同声答道。

我拿出同样大小的正方形，"现在呢，这样的正方形有几个？"

随着我在黑板上逐个张贴（如图4），学生接着回答："1，2，3……"

图4

"3个再加上1/4个。"

"3个加上1/4个在数学上我们一般用带分数表示，写作 $3\frac{1}{4}$。"我边说边讲解。

"如果不用带分数，又应该怎样表示？"

"13/4。"

"13是怎么来的？"

"一个正方形有4份小的正方形，3个完整的正方形是12份，加上最后的1份小正方形，一共13份。"

"为什么不用分数13/16表示？"

"老师，一共有3个正方形，而13/16还不到一个，所以当然不能用13/16。"

"老师，这里是数正方形有多少个，应该一个一个地数，把每个正方形都看作'1'，而不是把它们合起来看作'单位1'。"

“如果把它们合起来看做'单位1'，应该怎样表示?”

“一般应该在它外面画一个圆圈或框框。”

“是这样吗?”随着学生的回答，我出示图片（如图5）。

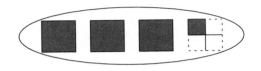

图5

“是的。”学生点了点头。

“下图（如图6）的涂色部分又应该用什么分数来表示呢?”我趁热打铁。

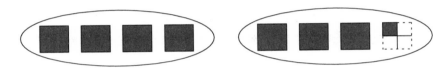

图6

“$1\frac{13}{16}$。”

“为什么不写成分数 $7\frac{1}{4}$ 呢?”

“老师，这里应该是一个整体一个整体去数，就好像我们买乒乓球，有的时候一个一个地数，但如果我们买的多我们就会一盒一盒地数……”

同样的教学内容可以从不同的角度解读，这取决于教学目标的设计。重构教学设计的目的并不全是以新换旧，更重要的在于思考不同设计的教学价值。在第二次教学中，我们跳出"单位1"教"单位1"，从数的产生源头追溯起，把分数与整数共同纳入度量的轨道，无意中给学生一种整体视野。在这种整体视野的引领下，学生能很自然地解决把谁看作"单位1"的难题。

学生的估值为何偏小

北师大版小学数学五年级下册第6单元有这样一道题：棱长是10厘米的正方体与棱长是9厘米的正方体体积相差多少？

一位老师是这样展开教学的：

师：请同学们先猜一猜这两个正方体体积相差多少？

生1：1立方厘米。

师：你是怎样得到这个结果的？

生1：正方体的体积是"棱长×棱长×棱长"，棱长多1厘米，体积增加$1×1×1＝1$立方厘米。

生2：1立方厘米（理由与生1基本相同）。

生3：1立方厘米（理由与生1基本相同）。

生4：3立方厘米，长、宽、高各增加1厘米，体积增加3立方厘米。

生5：200多立方厘米（表达不出自己的想法）。

师：到底相差多少呢？我们可以通过计算来验证自己的猜想。下面就请同学们计算一下吧。

生：$10×10×10＝1\,000$（立方厘米），$9×9×9＝729$（立方厘米），$1\,000-729＝271$（立方厘米）。

师：这两个棱长相差1厘米的正方体，体积相差是271立方厘米，与我们先前的估算相差很大，看来，以后遇到类似的题，不能只估算，也要计算。

......

大多数学生的估值为什么偏小？表面看来是学生估算能力的问题，但更深层次的原因还应从学生的空间观念去寻找。正如案例中所呈现的，由棱长为9厘米的正方体变为棱长为10厘米的正方体后，学生之所以认为体积只增加了1立方厘米，是站在一维的角度去思考的。由长9厘米的线段变为长 10 厘米的线段，只需增加 1 个单位线段。同理，棱长为 9 厘米的正方体变成棱长为 10 厘米的正方体，长延长了 1 个单位线段，宽延长了 1 个单位线段，高也延长了 1 个单位长度，体积＝棱长×棱长×棱长，所以体积增加了 $1×1×1＝1$ 立方厘米。认为体积增加了 3 立方厘米的学生的答案虽然不一样，但思路大致相同，只不过学生看到的是长增加 1 厘米，实质上是长多摆了 1 个小正方体，同样，宽增加 1 厘米就是宽多摆了 1 个小正方体，高增加 1 厘米就是高多摆了 1 个正方体。长、宽、高各多摆 1 个小正方体，一共需要多摆 3 个小正方体，所以正方体的体积增加了 3 立方厘米。

　　学生头脑中对于长、宽、高之间缺少有机关联，没有形成完整的空间链条，估值过小就在情理之中。考虑到学生空间观念的发展是一个螺旋上升的过程，一维是二维的基础，三维是二维的提升，学生的三维空间不好，在某种程度上与二维空间的建立与发展有关系。因此，笔者制订了如下改进策略，下面是笔者的课堂教学实录。

　　师：用边长为 1 的小方块（如图 1）可以拼出很多大小不一的正方形，问拼成最小的正方形需要几块小方块？

图1

　　生：1 块。

　　师：如果要拼成边长为 2 的正方形，需要增加几块？

　　生：3 块。

　　师：为什么是 3 块？能具体说说吗？

　　生：挨着的增加了 2 块，角落的增加了 1 块。

（生回答后 CAI 课件展示，如图 2）

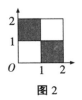　　

图2　　　　　　图3

生：我有不同的想法，可以把增加的分成两部分，横着的这一条是两块，加上竖着的这1块，一共是3块（伴着学生的回答，CAI课件如图3展示）。

师：图中的2代表什么？1代表什么？这样分有什么好处？

生：2代表现在正方形的边长，1代表原来正方形的边长。这样分就能很清楚地看出，需要增加的正方形的个数等于原来正方形的边长数加上现在正方形的边长数。

师：他的意思大家听明白了没有？依照这位同学的想法，要想拼成边长为3厘米的正方形，还需要增加几块？

生：2＋3＝5块。

师：是这样想的吗？在脑子里想一想，边长为100的正方形比边长为99的正方形多几个小方块？

生：横着增加一排，竖着增加一排，一共增加99＋100＝199个。

师：同学们真聪明！老师还想考考大家。棱长为1的正方体变成棱长为2的正方体需要增加几块小方块？增加在哪里？

生：老师，我可以联系刚才的那个图说吗（指着图2）？棱长为1的正方体变成棱长为2的正方体，在原来那个正方体周围必须增加3个竖条，每一条是2。此外，还要增加一个正方体，补剩下的空缺。

（学生讲述，CAI课件演示如图4）

图4

师：棱长为2的正方体变成棱长为3的正方体需要增加多少个小方块呢？

生：边长为2的正方形变成边长为3的正方形需要增加2＋3＝5个小方块，同样地，棱长为2的正方体变成棱长为3的正方体需要增加5个竖条，每竖条都是3个小方块，所以至少需要增加15个小正方体。

师：同学们想一想，棱长为2的正方体增加5个竖条之后会是什么图形？

生：中间是一个凹的正方体。

师：如果要拼成一个完整的棱长为 3 的正方体还需要怎么做？

生：还需要把中间的一层补起来。也就是增加 2×2＝4 个正方体。

师：照这样想，如果把棱长为 3 的正方体改成棱长为 4 的正方体，需要增加多少个小正方体？

生：大约需要增加（3＋4）×4＋3×3＝37 个正方体。

师：把棱长为 9 的正方体变成棱长为 10 的正方体大约需要增加多少个棱长为 1 的正方体？

生：需要增加 19×10＋9×9＝271 个边长为 1 的小正方体。

师：能具体说说吗？

生：边长为 9 的正方形变成边长为 10 的正方形需要增加 9＋10＝19 个小方块，同样地，棱长为 9 的正方体变成棱长为 10 的正方体需要增加 19 个竖条，每竖条都是 10 个小方块，加上补的那个面，所以一共需要 19×10＋9×9，约等于 200 多个小正方体。

……

估测不是胡乱猜测，而是一种有根据的猜想。上述教学中，由于有二维、三维图式的提示和补充，有"正方形边长增加 1 厘米，面积可能增加很多平方厘米"的知识铺垫，因此，学生在猜测"正方体棱长增加 1 厘米体积增加多少立方厘米"时，头脑中不仅会浮现单纯的数字，还会呈现相应的图形，并据此进行联想。显然学生的估测不是凭空猜想，而是一种基于理性认识基础上的推理。在这个过程中，学生的估测能力、空间观念都得到了实际的训练和有效的提高。

是游戏，同时也是数学

生活中经常会看到孩子们玩儿彩色板。在这个简单的游戏活动中，还蕴藏着很深的数学问题。一个小朋友用红、蓝、黄三种色板各两块，排出一排彩色板：黄、红、蓝、红、黄、蓝。仔细观察发现：两块红板之间有一块其他颜色的色板，两块蓝板之间有两块其他颜色的色板，两块黄板之间有三块其他颜色的色板。

乍一看，似乎和数学毫无关系，但如果把红、蓝、黄三块色板分别用自然数1、2、3表示，那么上面的游戏就可以抽象成一个数学问题：把1、1、2、2、3、3排成一排，使两个1之间有一个其他数字，两个2之间有两个其他数字，两个3之间有三个其他数字。当然，正如孩子们已经排出来的，这是能够做到的，如3、1、2、1、3、2或2、3、1、2、1、3。

3个不同的自然数可以这样，4个不同的自然数可以吗？即两个1、两个2、两个3、两个4是否能够排成一排，使两个1之间有一个其他数字，两个2之间有两个其他数字，两个3之间有三个其他数字，两个4之间有四个其他数字呢？经过直观操作，也可以找到问题的答案：4、1、3、1、2、4、3、2或2、3、4、2、1、3、1、4。

这引发了进一步的猜想。对于从1开始的任意n个连续自然数，是否都存在着这样的排列：两个1之间有一个其他数，两个2之间有两个其他数，两个3之间有三个其他数呢……如果无法都存在，那么，当n取哪些值时，这样的排列会实际存在呢？

显然，不能再依靠直观操作，而只能做理性的分析了。为了叙述方便，我们不妨用2n个"□"代表从1到n这2n个非0自然数（1到n每个数都有2个）。假设这样的排列已经存在，那么这个排列就可以表示为：

□　□　…　□　□　□　□　□　…　□　□
…　…　1　…　1　…　…

$$\cdots \quad \cdots \quad a_1 \quad \cdots \quad a_1 \quad +2 \quad \cdots \quad \cdots$$

对于这个排列来说，假设左边的"1"（如上图所示）在 a_1（a_1 为任意非 0 自然数）这个位置，由于两个"1"之间要隔一个自然数，所以右边的"1"就应该在（a_1+2）这个位置；

同样的道理，如果左边的"2"在 a_2 这个位置，则右边的"2"就应该在（a_2+3）这个位置；

左边的"3"在 a_3 这个位置，右边的"3"就应在（a_2+4）这个位置；

……

左边的"n"在 a_n 这个位置，右边的"n"就应在（a_n+n+1）这个位置。

所以，上面这个排列所有数的序号和就等于

$a_1+(a_1+2)+a_2+(a_2+3)+a_3+(a_3+4)+\cdots+a_n+(a_n+n+1)$

$=2(a_1+a_2+a_3+\cdots+a_n)+[2+3+4+\cdots+n+(n+1)]$

$=2(a_1+a_2+a_3+\cdots+a_n)+\dfrac{[2+(n+1)]\cdot n}{2}$

$=2(a_1+a_2+a_3+\cdots+a_n)+\dfrac{n(n+3)}{2}$

由于这个排列所有数的序号又可以表示为

排列：□ □ □ □ □ □ □ □ □ … □ □

序号：1 2 3 4 5 6 7 8 9 … $2n-1$ $2n$

所以这个排列所有数的序号和还可以表示为

$1+2+3+4+5+6+7+8+9+\cdots+(2n-1)+2n$

$=(1+2n)\times 2n\div 2$

$=n(2n+1)$

由上面的叙述可知，$2(a_1+a_2+a_3+\cdots+a_n)+\dfrac{n(n+3)}{2}$ 和 $n(2n+1)$ 都表示同一个排列的序号和，所以

$$2(a_1+a_2+a_3+\cdots+a_n)+\dfrac{n(n+3)}{2}=n(2n+1)$$

于是，上面那个猜想就转变成了另一个思考：当 n 取哪些值时，$2(a_1+a_2+a_3+\cdots+a_n)+\dfrac{n(n+3)}{2}=n(2n+1)$ 这个等式成立？

将 $\dfrac{n(n+3)}{2}$ 移到右边，原等式就变为

$$2(a_1+a_2+a_3+\cdots+a_n)=n(2n+1)-\dfrac{n(n+3)}{2}$$

化简之后得

$$2(a_1+a_2+a_3+\cdots+a_n)=\dfrac{n(3n-1)}{2}$$

两边同时除以 2 得

$$a_1+a_2+a_3+\cdots+a_n=\dfrac{n(3n-1)}{4}$$

由于 $(a_1+a_2+a_3+\cdots+a_n)$ 是一个整数，所以 $n(3n-1)$ 应该能被 4 整除。n 的取值只有四种情况，即 n 除以 4 余数分别为 0、1、2、3，所以，分四种情况进行分析。

①当 n 除以 4 余数为 0 时，也就是 n 为 4 的倍数时，则 $\dfrac{n(3n-1)}{4}$ 必然为整数，即等式 $2(a_1+a_2+a_3+\cdots+a_n)+\dfrac{n(n+3)}{2}=n(2n+1)$ 成立；

②当 n 除以 4 余数为 1 时，令 $n=4p+1$，则 $n(3n-1)=(4p+1)[3\times(4p+1)-1]=(4p+1)(12p+2)=2(4p+1)(6p+1)$，由于 $(4p+1)$ 和 $(6p+1)$ 都是奇数，所以 $2(4p+1)(6p+1)$ 不能被 4 整除，即 $\dfrac{n(3n-1)}{4}$ 不可能是 4 的倍数。也就是说当 n 除以 4 余数为 1 时，等式 $2(a_1+a_2+a_3+\cdots+a_n)+\dfrac{n(n+3)}{2}=n(2n+1)$ 不成立；

③当 n 除以 4 余数为 2 时，令 $n=4p+2$，同理有 $n(3n-1)=(4p+2)[3\times(4p+2)-1]=(4p+2)(12p+5)=2(2p+1)(12p+5)$，显然，它不能被 4 整除。也就是说，$n$ 除以 4 余数为 2 时，等式 $2(a_1+a_2+a_3+\cdots+a_n)+\dfrac{n(n+3)}{2}=n(2n+1)$ 不成立；

④当 n 除以 4 余数为 3 时，令 $n=4p+3$，同理有 $n(3n-1)=(4p+3)[3\times(4p+3)-1]=(4p+3)(12p+8)=4(4p+3)(3p+2)$，显然，它是 4 的倍数。即当 n 除以 4 余数为 3 时，等式 $2(a_1+a_2+a_3+\cdots+a_n)+\dfrac{n(n+3)}{2}=n(2n+1)$ 成立。

综上所述，我们可以得出这样一个结论。当自然数 n 满足除以 4 余 0 或余 3 这个条件时，对于从 1 到 n 这样 n 个连续自然数，每个数都取两个就可以排出一个排列：在两个 1 之间穿插一个其他数；两个 2 之间穿插两个其他数；两个 3 之间穿插三个其他数……两个 n 之间穿插 n 个其他数。

　　生活中能够提炼出深奥的数学问题，数学的神奇也在于此。当然，数学研究的乐趣就在于此！

牵住图形移动的牛鼻子

平移是一种刚性变换，其实质是图形中对应点之间的距离均相等。鉴于此，很多教师归纳出了图形平移的"八字诀"——找关键点、移点、连线。就算这样，很多学生在画平移图形时更多的还是"凭感觉"，有的学生将图形平移的距离错误地理解为平移前后两个图形之间的空格数。虽然教师反复纠正，但类似的错误仍时有发生。

出现这样的学习困难，一个关键的原因就是对于七八岁的孩子来说，找关键点、移点连线这样的理性分析超出了他们的认识水平，他们很难真正接受和理解。

要想消除学生的这一错误观念，教师应尝试从儿童的视角去解决。下面是一位教师的教学尝试。

师：怎样将一头牛轻松地牵走呢？只要牵住它的哪个部位就行了？

生：牛鼻子。

师（顺利引导）：说得真好！要顺利地平移图形，我们也得想办法找到它们的牛鼻子。

听到这里，学生们个个跃跃欲试，都想来牵一牵这个有趣的"牛鼻子"。教师顺势出示下面的小房图。（如下图）

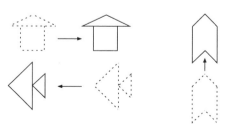

师：这个小房子向哪个方向平移了几格？你能找一个"牛鼻子"数一数、移一移吗？

教师让学生上台演示，要求先指出选中的"牛鼻子"，再用食指边指边数，其余学生用同样的手势在空中比划着数。

师：刚才我们通过找"牛鼻子"、数"牛鼻子"学会了判断一个图形平移的方向和距离。其实，"牛鼻子"还有一个更大的用处，就是帮助我们方便快捷地平移图形。还记得××同学平移的这条线段吗？平移这条线段时我们分成了哪几步？

生：找"牛鼻子"、移"牛鼻子"、连起来。

师：同学们说得真好！通过找点、移点和连线这三个步骤，我们就能成功地平移一条线段……

苏霍姆林斯基说过："教育者同自己的教育对象的每一次接触都能激发他们心灵的热情。"在上述案例中，找"牛鼻子"这一形象的比喻激发了学生的兴趣，不过，"匠心"不止于此，重要的是，在笑声中学生能轻松地实现类比：人在"牵牛"的过程中，"牛鼻子"是不变的，因而，移动图形的过程，作为标尺的点也应该是不变的；"牛鼻子"迈动了几步，牛就移动了几步，相应的，衡量图形点移动了几格的标准应是看对应的点移动了多少格。否则，在移动的过程中，"牛鼻子"就变得不是"牛鼻子"了。

心中有人，教学天地宽

　　新课程标准为学生自主发展提供了空间，同时也为教师主动发展提供了平台。教师不再是教材的忠实执行者，而是教学方案的开发者。一方面体现了教师的智慧，同时也为不少教师带来困扰：面对大量的教学设计，该如何应对？是一味跟新，还是批判取舍？如果是后者，取舍的标准又是什么？下面笔者以"厘米的认识"的两种不同导入方式谈谈对这一问题的体会。

　　案例一：一只小老鼠请小熊伯伯给奶奶做一根拐杖，小老鼠告诉熊伯伯拐杖有 5 个手掌这么长。可是 5 天后小老鼠去取拐杖的时候，却发现拐杖太长不能用。小朋友们，你们知道为什么吗？

　　乍一看，这一情境符合儿童的年龄特征，而且也彰显了统一度量单位的重要性。但这一教学情境真的是有效的吗？统一度量单位为什么是和今天学的厘米而不是与其他度量单位如米或者分米相联系？对厘米的引出是自然的吗？小朋友认识厘米的障碍在哪里？真正的困惑是什么？尤其是，完全童话式的情境会不会导致学生沉溺于故事之中而游离于数学知识之外……显然，一系列的追问暴露出了案例的显著弊端：关注了学生的学习兴趣，却忽视了学生的已有基础，尤其是忽视了学生的学习障碍。下面的教学则规避了这个问题。

　　课一开始，教师请两位同学走上讲台，并在黑板上板书"＿＿比＿＿高"，当然这难不住一年级的学生。然后教师又叫了两个同学上来，要求同学们看着他俩，回答"＿＿比＿＿长＿＿"。这有些挑战，不过孩子们跳一跳还是能摘到果子。学生的答案有：张三比李四长一个头，张三比李四长一些，张三比李四长很多，张三比李四长 15 厘米……学生的回答大致有四种，在这四种说法里，第一、第四种说法好一些，因为这两种说法比较明确。于是老师把另外两句话擦掉，黑板上只剩下"长一个头""长 15 厘米"

思 在 课 堂

这两种说法。

在这两种说法中，"一个头"和"15厘米"的表达方式究竟哪个更好一些？头和头是不一样的，而15厘米是固定的。学生在对比和思辨中会明白，生活中很多东西是需要定性描摹和定量刻画的，教师进而自然地引出本节课的授课目标——厘米。由于这样的导入契合学生实际，让一年级的学生有话可说、有话能说，课堂气氛反而更加热烈。

接下来，教师又抛出几个看似随意实则精心酝酿的问题。

"小朋友，你尺子上的1厘米和你同桌尺子上的1厘米一样长吗？"

"你的1厘米和老师尺子上的1厘米是不是又一样长呢？"

"宁波的1厘米和北京的1厘米是不是一样长呢？"

"北京的1厘米和纽约的1厘米是不是一样长？"

"为什么全世界的1厘米都一样长？"

不仅仅关注学生的兴趣，更关注学生错误的经验，正是这一设计与第一种设计的根本区别。

学生的错误都有深厚的经验基础。整体变大，部分也当然变大，认知这种具有比例意义的"长大"经验在教学中不断被修正。学生们在反复对比中发现：无论尺子怎么变长，1厘米始终是不变的。事实上，正是在对错误经验的屡次"修正"中，学生对"同一度量单位在世界范围内是统一的"这一知识点的体会才更深刻。

有的放矢、对症下药是提高课堂效率的重要前提。以学定教要求作为教师心中首先要有学生。学生的学习起点在哪里？学生是否具备同化或顺应新知识所必需的知识与技能？学生学习的困难是什么？困难的原因又是什么……经常这样思考，我们才会在面对大量的教学设计时多些思辨，少些盲从，多些自主，少些跟新，多些悠闲淡定，少些无所适从。

简单的技能背后隐藏着什么

有人说，小学数学，简单地从做题意义上来讲，确实很简单；但如果从奠基意义上说，却很不简单。以"小熊购物"（北师大版课程标准实验教科书二年级下册）为例谈谈笔者这方面的一点感受。

课堂回放：（教师创设情境，学生自主思考，在讨论分步算式的基础上引出综合算式"$6+3×4$"）

我要4个面包和1瓶饮料。

面包每个3元　饼干每包4元

我买……

饮料每瓶6元

花生每包7元　糖果每袋5元

胖胖　　　　　乐乐

算一算

该付多少元?

师：大家能看明白这个算式吗?

生：他列的是综合算式。$3×4$ 表示4个面包的价钱，加6表示4个面包和1瓶饮料一共要付多少钱。

师：他是将刚才哪两个算式综合起来的?

生：$3×4=12$ 元，$12+6=18$ 元。

师：将这两个算式综合成一个算式还可以怎样列式?

生：$3×4+6$。

师：很好! 求胖胖一共要付多少钱同学们共整理出了两个综合算式，那么综合算式怎样计算呢? 是老师教还是同学们自己去尝试?

（生选择自己尝试。师巡视，寻找典型算法。请学生板书）

师：有两种答案。你们觉得哪个正确？

生：18元正确。刚才我们已经用分步算式算过了，答案是18元。

师：这位同学能联系刚才的结论解释现在的问题。很聪明！谁还有不同的想法？

生：老师，我是估算的，乐乐买了5件商品，即使全部买贵的饮料也只需要30元，因此36元肯定不对。

生：我也觉得18元是正确的，因为我爸爸告诉过我，乘加混合运算时，要先算乘法，再算加法。

师：付的总钱数包括哪两部分？

生：买面包用的钱和买饮料用的钱。

师：怎样计算买面包用的钱？饮料呢？

（生答略）

师：所以在这道算式里我们应该先算乘法，再算加法。一般的，在数学中我们规定，在加减乘除混合运算中，先算乘除，再算加减。

（教师板书，全班齐读）

师：这是一个同学的算式，同学们观察这个算式，有没有什么要说的？

$$3 \times 4 + 6$$
$$= 12$$
$$= 12 + 6$$
$$= 18 （元）$$

生：我觉得这个算式结果对，但中间好像不对。

师：结果正确，但过程不正确，是这个意思吗？那么乘加算式计算时是什么格式呢？下面我们一起来研究一下，刚才说了 $3 \times 4 + 6$ 时先算什么？

生：乘法。

师：3×4 得多少？

生：12。

师：但计算时常常算着算着就忘了用谁加6，怎么办？

生：最好是先把12记下来，这样就不会忘记了。

师：记在哪里最好呢？

生：就记在 3×4 的下面。

师：这时不能忘记什么？

生：加6。

师：刚才这个同学加了6没有？

生：没有。

……

如前所述，乘加混合运算，从解题的角度看很简单，但是如果从知识的意义角度看，又不简单。具体表现在以下两点：

1．"先乘后加"仅仅是一种规定吗？乘加混合运算，先算乘法，再算加法。在讲解这一知识点时，按惯例大都采用以下步骤：在具体情境中感知，进而告诉学生这是一种规定，案例中的老师也不例外。但理解"先乘后加"这一知识点仅仅依靠情境无法说服学生，那么怎样让学生自觉地接受"先乘后加"这一知识点呢？

当部分学生认定"6＋3×4"应该先算加法时，教师不妨将算式还原，如将"6＋4×3"还原成"6＋3＋3＋3＋3"，这时再问学生："如果现在是你，你会怎样算？""显然，应该先算4个3连加。""因为4个3连加可以用乘法口诀表示，先算比较简便。""那么有乘法和加法时，你们觉得应该先算什么？""应该先算乘法，因为乘加算式中的乘法是几个相同加数连加的简写，如果先算加法就改变了原来乘加算式的意义。"知其然并且知其所以然，显然，经历了上面的引导，"先乘后加"的运算顺序，就不再仅仅是一种人为规定，而更多的是一种理性思考了。

2．等号只表示结果吗？笔者在高年级教学中常常看到这样的错误。

$3x-2.4=5.4$

解：$3x=2.4+5.4$

$x=7.8÷3$

$=2.6$

课堂是学生出错的地方，学生也伴随着错误一起成长。不可否认，学生的错误在一定程度上折射出教学的偏差，它提醒我们，不能简单地将学生的错误归结为没有掌握书写格式。究竟是什么原因让学生"屡错不改"呢？笔者认为，一是因为学生初步接触综合算式，二是教师潜移默化的影响。"3×4＋6"之所以要写成"3×4＋6＝12＋6＝18"，案例中的老师有自己的解释，虽然只是课堂教学中的一个片段，但仍可以看出教师平时更多强调的是每一步思维过程的结果。对于习惯了列分步算式的学生来说，难免困惑。

"="表示结果，更表示一种相等的关系。遗憾的是，上述教学有意无意地把等号的另一个甚至是较为重要的一个属性忽略了。教学怎样引导学生从"相等"而不仅仅是"结果"这一维度来掌握综合算式的格式呢？当学生列出综合算式后，教师不妨追问学生："一共要付多少钱？分别包括哪两部分?"根据学生的答案教师用彩色粉笔相机板书（最后形成的板书如下图）。

$$
\begin{array}{cccc}
& \text{面包} & & \text{饮料} \\
& 3\times4 & + & 6 \\
= & 12 & + & 6 \\
= & 18 & & （元）
\end{array}
$$

以此类推，当学生列出"$3\times4+6=12=12+6=18$"的算式时，教师只要稍加追问要付的钱包括几部分，学生就会明白，算式第二行只有面包的价钱，遗漏了饮料的钱数，因此，第二行算式和第一行算式是不相等的。要想让二者相等，就必须加上饮料的钱数。为了一目了然，"3×4"的结果最好就写在它的下面。

算式的每一步都表示面包和饮料的总价钱，算式的每一步都应该相等。经过引导，学生会明白综合运算的格式。同时，学生潜移默化地掌握了"等号表示相等的关系"这一知识点。

简单的技能背后隐藏着思想、隐藏着方法，隐藏着一条曲折但是能通往高等数学的路。

联系生活实际，数学课上该怎么做

数学源于生活。联系生活实际学习数学，可以提高学生对"数学来源于生活"的认识，激发学生亲近数学的热情，体会数学与生活同在的乐趣。然而，加强数学与生活的联系，并不是简单地再现生活情境，也不只是简单重复生活中的故事。加强数学与生活的联系，不能让学生的认识停留在原有的生活经验层次，相反，解决生活问题的过程必须同时实现数学水平和能力的提升。

以"小数加减法"（北师大版课程标准实验教科书四年级下册）教学为例，馨语陪妈妈去购物，买了一瓶酸牛奶，单价 1.25 元；一袋饼干，单价 2.41 元。收银台要妈妈交 3.66 元，对吗？

这个问题的解决可以借助学生的生活经验：1.25 元等于 1 元 2 角 5 分，2.41 元等于 2 元 4 角 1 分。1 元加 2 元等于 3 元，2 角加 4 角等于 6 角，5 分加 1 分等于 6 分，合起来就是 3 元 6 角 6 分，以元作单位就是 3.66 元，算式是 1.25＋2.41＝3.66 元。

但教学不能止于此，作为教师，还应沟通学生的生活经验与其他方法之间的联系。比如当学生汇报其他方法：

1. 借助数形结合直观图来解决（如图 1）。

2. 运用整数加减法进行推理（如图 2）。1.25 元、2.41 元可以分别看作 125 分、241 分。

教师可适时抓住学生的关键语句，启发学生进行提炼。对于生活经验，学生可提炼出"元＋元""角＋角""分＋分"；对于数形结合，提炼出"块＋块""条＋条""格＋格"；对于推理，重点突出"个位＋个位""十分位＋十分位""百分位＋百分位"。有了这些提炼作铺垫，学生就能很容易跳出各种具体方法的局限，实现经验与方法的有效提升：相同数位对齐时，相同数位上的数相加减。

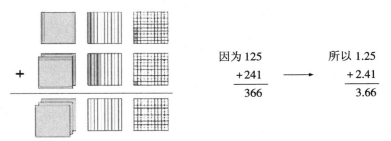

图1　　　　　　　　　　　图2

"有了生活，但没有教数学"或"教了生活，但没有了数学"是原案例给我们最深切的体验。它提醒我们，加强数学与生活的联系，不仅需要结构化和组织化，更需要深化并赋予意义。因此在引出生活中的故事、再现生活中的情境时，应提前思考：呈现和研究的目的，每一个教学活动背后的数学意义，它对学生理解、掌握和巩固学科知识的价值。想清楚这些问题之后，我们就不至于产生"课堂热热闹闹，最后学生得到了什么"的困惑，也不至于产生"完全联系了生活实际，课堂教学却不能正常进行了"的尴尬。

自主探索 教师首先要具有结构化思维

结构化思维不仅指学科的内在结构，同时也指教学的结构。只有将二者有机地整合起来，学生的自主探索才能成为一种有效的思维过程。

以"圆锥体的体积"教学为例，对于"圆锥体的体积"这一知识点，教师常常把教学着眼点放在拓展学生思维空间上，比如在探讨圆锥体与等底等高圆柱体体积二者的关系时，增加一些不等底不等高的圆柱体，让学生自主挑选实验器材，可以扩大探索空间。但这样的设计在具体实施过程中却有很多不便，如学生如何顺利挑选出等底等高的圆柱体与圆锥体？如果不能，教师又如何给这部分学生以指导？学生挑选实验器材会不会延缓正常的课堂教学进度？

课堂教学时间不够用、收获较少，集中反映了当前自主探索面临的尴尬与困惑。

由此，反映出某一探索环节的低效和教师结构观念的缺失。具体指教师眼中空有课堂教学环节，而无学科知识结构。案例：圆柱体是由长方形旋转而成的，圆锥体是由直角三角形绕着某一直角边旋转得到的。而一个长方形可以分成两个三角形，因此，长方形旋转一周就可以看作两个一模一样的三角形同步旋转一周，两个三角形形状、大小、面积一样，它们旋转一周所占的空间也应该完全一样。这样，一个三角形旋转出来的圆锥体应该就是一个长方形旋转出来的圆柱体体积的一半。

是1/2而不是1/3是学生认识的起点，也是学科知识的节点，是学科知识"前后矛盾"的地方。教学抓住了这一点，就抓住了学科知识与课堂教学结构的整合点，也抓住了课堂的关键。下面是分析知识的内在结构后进行的一次教学尝试。

1. 观察想象，大胆猜测（出示长方形，如图1）。这是什么图形？将这个长方形绕着宽旋转一周，能形成什么图形？如果沿着长方形对角线剪去一半剩下一个直角三角形，将三角形旋转，形成的又是什么图形？二者的体积有什么关系？

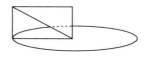

图1

2. 化曲为直，再次猜测。CAI课件演示将圆柱平分成许多三棱锥的过程。在这块三棱锥中哪是直角三角形旋转部分角度得到的（图2右上）？如果将这块三棱锥平均分成两份，你准备怎样分？（师提供三棱锥蛋糕模拟，如图3和图4）

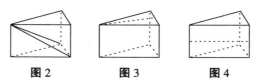

图2　　　　图3　　　　图4

蛋糕房师傅认为这样分（图2）也可以把三棱锥平均分成两半，你同意吗？如果这样分哪一块更大？大约大多少？如果再次猜测，你觉得三角形旋转形成的圆锥和长方形旋转形成的圆柱的体积有什么关系（大于2倍小于4倍，大约3倍左右）？

3. 细心实验，验证猜想。教师为学生提供等底等高、等底不等高、等高不等底、不等高也不等底的圆锥容器各两个，沙土一盘。学生挑选实验器材，小组合作，通过实验验证自己的猜想。

在上述案例中，教师围绕节点"1/2"设计了三个环节，三个环节层层相连、丝丝入扣。如长方形旋转一周形成圆柱体，长方形的一半三角形旋转一周形成圆锥体，向学生暗示了圆柱和圆锥的密切关系，二者的底和高相同，所以当学生探究二者体积的关系时，自然想到作为研究器具的圆柱和圆锥要等底等高。如果深入分析，不是1/2应该是几分之一？由于前面的直观提示，学生很容易估计到会比1/2少一点，但不到1/4，进而确定估测范围。显然，此时学生的猜测不是无根据的乱猜，而是理性思考后的合理推测。再如，猜测是否正确需要通过实验进行检验，因此做实验也就水到渠成了。整堂课中，学生就在前有铺垫后有孕伏的结构中学习。在这个精心设计的结构的影响下，学生的理性推理能力、空间想象能力、实践操作能力都有了提高，"化曲为直、化圆为方"的研究思路与方法也都得到了发展。

辩 在 课 堂

　　辩论是理性的激荡、是信念的共鸣、是教学的探讨，更是喧嚣中的一场无声的春雨。辩论通常需要扮演两种角色：热情的参与者和冷静的旁观者。只有参与，才能投入其中，才能对所思之课感同身受，才能真实、真切、真诚地体验课堂的酸甜苦辣，从而保持一种"同情的理解，理解的同情"的心态；只有旁观，才能超然物外，才能对所思之课进行理性思辨和独立判断，才能发现课堂所承载、体现和隐匿的课程价值、教学规律和教育本质，进而彰显"独立之人格、自由之精神"的学术信念。

生活的外延是否就等于数学的外延

在"两位数加两位数"（人教版课程标准实验教科书第三册）的教学案例中，教师首先创设了一个情境：博物馆开张了，一至四班的同学想一起去博物馆参观，但学校只联系了两辆车。"你们看，哪两个班合乘一辆车比较合适呢？"教师边说边出示以下资料：每辆车限乘 70 人。"什么叫限乘？限乘包不包括司机？"一位学生提出这样的疑问。"不包括，限乘是针对乘客而言的，是提醒司机这部车最多能装载多少乘客，所以不包括司机。""应该包括司机，既然是限乘，就应该指车上所有的人，司机也是人，当然也应该包括在内。"到底包不包括司机呢？教师按照学生的观点把学生分成两派，让学生自由辩论。学生你一言，我一语，课堂气氛逐渐热烈。

单独看这个教学片段，可以说教师是尊重学生的，也能顺应学生的兴奋点调整教学，并且互动中学生的思维是活跃的，学生的辩论也是精彩的……但问题的关键是，"两位数加两位数"是一节数学课还是一节生活常识课？是应该教给学生数学知识还是应该教给学生生活常识？上述教学中，教师显然忽视了这一根本问题，把本应教数学基本知识和基本技能的宝贵时间用来讨论与教学目标关系不大的生活常识问题，因而使一节本来应该有浓郁数学气息的数学课演变成一节普普通通的生活常识课、一节语言辩论课、一节文字考究课。

这不能不引起我们的思索：生活的外延就是数学的外延吗？所有生活内容都能成为数学教学内容吗？如果是，数学课和语言文字课、生活常识课、甚至生物自然课有什么区别？数学又凭什么作为一门单独的学科而独立存在？

但这仅仅是问题的一个方面，另一方面，对非数学性问题的过多关注，必然导致教师传授数学基本知识和数学基本技能的时间相对不足，导致数学教学目标难以实现。"皮之不存，毛将焉附"，没有了基本知识和基本技

能的落实，没有了数学思想和数学方法的保障，学生的数学学习还能否称得上是数学的学习？学生的数学学习还有何实际意义？著名教育家叶圣陶面对弃语言文字训练的语文教育，曾语重心长地对广大语文教育工作者说"语文首先姓语"，其实，对于广大数学教育工作者来说，数学又何尝不首先姓"数"呢？

思维活跃了是否就等于思维深刻了

实施新课程以来，课堂活跃了，学生自主了，教学也更关注学生的独特感受了。但是，我们是否也注意到：数学课堂缺少了深层次的思维？学生的智慧缺少了实实在在的挑战？如"连加"（如图，人教版课程标准实验教科书一年级上册）教学案例。

教师首先用 CAI 课件呈现教学情境：地上原来有 5 只觅食的小鸡，然后从竹林后面跑来 2 只，最后又出现 1 只。"求地上一共有多少只小鸡，怎样求？怎样列算式？"

"5＋2＋1""5＋1＋2""2＋5＋1""2＋1＋5""1＋5＋2""1＋2＋5"……从学生的回答中可以清楚地看出：学生的思维是活跃的，基本列出了所有可能的算式。但是，仔细观察这些算式，就会发现，上述算式是学生同一思维策略的不同表述，即"原来的小鸡，先来的一部分小鸡，最后来的那部分小鸡三者相加"这一思维策略的不同表述。变换的只是形式，思维的实

辩
在
课
堂

质没有根本改变。因此，在此基础上的学生的活跃不能说是深层次的活跃，只能说是一种肤浅的、外在的活跃。显然，这与"数学是学生思维的体现"这一追求是相违背的，也不利于建构学生"整体就是各部分之和"这一根本知识点。因此，笔者认为，"连加"教学要实现深入，就应该打破单一思维的束缚，追求策略多样化的教学。

教师可以变换情境：红灯亮了，许多型号不同、颜色各异的车辆在不同的车道上停了下来。教师对此进行提问："同学们，你们看到了什么？"（许多车在十字路口停了下来）"可以把这些车分一下类吗？"

学生的分类标准自然各不相同：有按照汽车的排列顺序分的，前面有 2 辆，后面有 3 辆，中间有 3 辆；有按车道来分的，靠近人行道的车道有 2 辆，中间车道有 5 辆，最里面的车道有 1 辆；有按汽车颜色来分的，红色车 3 辆，黑色车 2 辆，白色车 2 辆，黄色车 1 辆；有按汽车型号来分的，大客车 1 辆，小轿车 4 辆，货车 3 辆……

那么，一共有多少辆汽车呢？分类不同，学生所列的算式也不同：2＋3＋3、2＋5＋1、3＋2＋2＋1、1＋4＋3。这样不仅实现了多样性与独特性的统一，同时，也有利于活跃性和深刻性的融合。此时，教师只要顺着课堂教学追问："参照的标准同样都只有一个，为什么按型号、顺序、车道分只有三个加数（1＋4＋3、2＋3＋3、2＋5＋1），而按颜色分就有四个加数呢（3＋2＋2＋1）？"学生在对比、辨析、交流讨论中就很容易明白"整体分成了几个部分，那么整体就应该等于几个部分的和"的道理了。

教学目标宽泛了是否就等于淡化了

实施新课程以来，从某种程度上讲，学生成绩的两极分化更加严重了。在传统教学中，学生成绩一般是在中、高年级才出现显著差异，目前，在部分实验区，学生在第一年就开始有了明显差异。出现这种情况的客观原因很多，但不容置疑的是，教学自身目标意识的淡化和弱化也是造成学生两极分化愈加严重的一个重要原因。

笔者曾两次听同一位教师执教的推门课。第一次该名教师执教的是一节计算课；两个月后，我又一次听了这位教师的推门课，巧合的是这一次这名教师执教的仍是一节计算课。令我惊奇的是，在学生汇报的众多算法中，我又发现了算法的身影：1，2，3……

在一次市级观摩课上，笔者问执教"9＋几"（人教版课程标准实验教科书一年级上册）观摩课的老师："你是怎样看待'凑十法'的？你又是如何评价你的学生用其他方法算出'9＋几'的答案的？""'凑十法'是进位加法的一种基本算法，是课时目标中提倡让学生尝试掌握的一种方法。但'凑十法'不是唯一的方法。如果学生用其他方法算出了'9＋几'的答案，我也应该予以肯定。"可以看出，该教师对本节课的知识课时目标有清醒的认识，对进位加法的基本算法'凑十法'也有一定的关注。但关注了就等于重视了，等于落实了吗？从课堂练习中，从教师提问的反馈里，我们发现，相当一部分学生始终选择的是自己的算法。或许有的教师会说："这也无可厚非，新课程不是允许学生用自己的方式、自己的速度学习数学吗？学生坚持用自己的方式解决数学问题不正是体现了新课程尊重学生个性的理念吗？"的确，如果单从这一角度来理解，上述教学并没有不当之处。但如果换一个角度去思考，可能就会得到相反的结论。

众所周知，人没有外在压力时，总是习惯于用自己熟悉的方式去解决问题。因此，学生，尤其是反思意识较弱、大班授课的低年级"后进生"，

在没有教师有意识的要求，没有课堂练习有计划的强化，他们能在多大程度上实现对已有知识和经验的主动提升和超越呢？又能在多大程度上将比较基本的方法转化成自觉意识和行动呢？如果不能做到这两点，时间越久，与优秀生差距就越大。由于这样造成的两极分化，还只能说是教师的"无心之失"，而有些两极分化可以说是教师的"有意为之"。

没有力度和深度的教学是苍白的，学生心中都有一杆秤，称得出教师教学的分量。我们的数学课堂缺少了一些数学味，缺少了一些深度，缺少了一些传统教育特有的朴实和扎实……

教学内容简单，是否就表明数学教学不能深刻

与旧教材相比，新教材在密切联系学生生活的同时，也删除了一些"繁、难、偏、旧"的内容，因此在有些方面显得"浅"些、"显"些。但教学内容的"浅"和"显"并不意味着教学任务的减轻，恰恰相反，它意味着教学难度的增强：即教师如何把学生认为简单并很好掌握的知识变得深刻起来。相比从前，这样的教学具有更大的挑战性，需要教师更大的匠心和慧心。如"数一数"的教学，对于数数，学生认为非常简单，教学目标如果仅仅定位在让学生数一数教材主题图中各实物的数，那么学生多数不会感兴趣。这就需要教师寻找新的教学方式。只要教师认真观察、分析，就会发现学生"唱数""念数"现象非常严重。因为刚入学的小学生虽然认识了 10 以内（有的达到 20）的数的形，有的学生甚至已经会读、写 10 以内的数，但他们的认识只是浮于表面，并没有深入到数数的实质———一对应。因此，如果情境稍微复杂一些，他们可能就会对数数感到手足无措了。这显然可以成为教学的一个突破口。

一位老师就是这样做的。刚上课，老师就询问学生："你们会数数吗？""会！"学生满怀信心。"好，在你们的课桌下都有一个足球，你们能数出这个足球一共用了多少张白色的皮子吗？"学生们的答案都不一样，他们疑惑了：怎么结果都不相同？"在数的过程中你们感觉有没有特别麻烦的地方？"教师适时启发。"老师，我数的时候，数着数着就数重复了。""老师，我数的时候数着数着就不知道这一张皮子我究竟数了没有。"……"那么，有没有好的办法解决你们所说的这些困难？"一语惊醒梦中人，学生们恍然大悟：数过一张白色皮子就在它上面做上记号，这样就能做到既不重复又不遗漏了。有了"既不重复，又不遗漏"的想法就说明，虽然学生没有明言"一一对应"，但这个思想已镌刻在学生的头脑中了。

上面这一段教学之所以能教得深刻，就是因为教师在寻常的教学中发

现学生认识上的误区和盲区，并对症下药，引起学生的认知冲突，使学生在不屑、惊疑、愤懑、豁然等情感的起伏中深刻领悟"一一对应"的数学思想。

"小内容"教出了"大境界"！

否定是不是就一定意味着伤害，
纠正是不是就一定意味着不尊重

理解、尊重、宽容是当今课堂教学的主旋律。但是，是否只有这些就足够了呢？

教育，首先是一种让人成为"人"的伟大事业。更为确切地说，它是一种让生命个体成为成熟、自立而自由的人的事业。教师作为先进文化的代表，"闻道在先""术业专攻"，在教师身上，凝聚着人类漫长历史中积淀下来的深厚文化底蕴以及人生智慧和生存哲学。教师应该通过教育这一独立的活动，通过自身这一文化中介，引领学生不断触摸历史、感悟文化、习得智慧、丰富人生。

遗憾的是，在直面新课程改革的今天，有些教师并没有领略到教学改革的真谛。

理解、尊重、宽容是一种心态，它告诫我们不能用成人的眼光去审视孩子们的世界，更不能因为观念、认识和视界的不同而人为地要求孩子放弃自己的见解，迎合成人的思维。同时，也要认识到，仅仅做到理解、尊重、宽容无法造就成熟的下一代；仅仅懂得理解、尊重、宽容，而不懂得教会孩子学会"直立"，让孩子有一种对知识的敬仰，并借此丰富和提升自己，那么教育也就退化为了一般意义上的交往和交流，教育也就失去了真正的意义与价值。因此，有学者坦言，一个无法让人体验到崇高、博大、深刻、高山仰止的教育是一种平庸的教育，生存于这一教育之中的个体，其精神也必然平庸，思想也必定浅薄。

教育，贵在文化与精神的引领。否定并不一定意味着伤害，纠正也不一定意味着不尊重。教师在学会理解、尊重、宽容的同时，别忘了树立一个文化先驱者"挺立"的形象，昂起高贵的头，用成熟的人生感悟生命的智慧，塑造新一代的人。

辩

在

课

堂

教师应注重数学素养的提升，
还是应着眼于教学方法的改善

提升数学素养与改善教学方法不是一个两难的、非此即彼的问题，却是当今数学教学中一个日趋严重的矛盾。部分教师认为，与旧教材相比，新教材内容较浅显，因此，教师的知识储备不重要了，教学的关键在于对教学方法的改善。

事实果真如此吗？举例说明，观察"平均每人存多少书"（人教版课程标准实验教科书五年级下册）的教学。求平均每人存多少本书，实质上就是求平均数。平均数的计算方法是：平均数＝总数量÷总份数。在实际教学中，学生对于这个关系式的理解有些困难，经常处于混沌状态：为什么非要用"总数量÷总份数"？为什么不能把总数量中的各部分的平均数加起来然后再除以平均数的个数？对于学生的困惑，部分教师认为是教学方式不够完善。笔者认为，深层原因在于教师自身。

对平均数意义的本质理解是阻碍学生熟练掌握"平均数＝总数量÷总份数"这一数量关系式的潜在障碍，对于这个问题的思考不再是教学方式，而更多的是对平均数这一知识的认识问题，下面这位教师的探索就很好地解决了上述问题。

五（1）班有25人，平均每人存书4本，可以看作1～25号同学每人有且只有4本书；同理，五（2）班有23人，平均每人存书2本，也可以看作1～23号同学每人有且只有2本书，那么，怎样调整后，五（1）班和五（2）班每人存的书的数量才一样多呢？显然，"一帮一"是最常见的策略。但是这样存在一个问题：五（1）班的同学帮助他对应号数的五（2）班的同学，由于五（1）班比五（2）班多两位同学（如下图），这样，一帮一后，五（1）班有两位同学手中仍然是4本书，也就是说两个班所有同学的书没有变得一样多，这就从根本上回答了"各部分平均数的和除以平均数的个数"，不是求平均数的最基本的方法的原因。

学　号	1	2	…	23	24	25	合　计
五（1）班	4	4	…	4	4	4	
五（2）班	2	2	…	2			
	3	3	…	3	4	4	

那么，能不能用移多补少的策略求出每个人应得的书本的数量呢？当然是可以的。如可以将五（1）班每个同学的书看作两部分，一是和五（2）班同学同样多的部分，二是比五（2）班同学多的部分，将这些多的部分（25×2）再平均分给两个班所有的同学，这样，加上每人手中原来的 2 本，就得到平均每人应得书的数量：2＋25×2÷（25＋23）。

但是，这种方法比较曲折，不如把所有的书全部加起来再平均分给每个人，即"总数量÷总份数"来得简便。是不是在任何情况下采取"移多补少"的策略都是不合适的呢？相信有了上面的引导，学生可以领悟到，当两个班的人数一样多，也就是平均数各部分的份数一样多时，"各部分平均数的和除以平均数的个数"就变得非常简便。

这里特别需要补充的是，上述几种方法虽然形式各异，但在学生头脑中却并不复杂。因为它们有一根共同的线索——移多补少。只要一提"移多补少"，所有的方法都会一拎而百顺。

与教学内容的精选相比，更重要的是教学方法的优化，提高课堂教学效率及升华教学立意。也就是教学要充分地揭示教学内容的本质，提升数学思维方法论，帮助学生透过现象看本质。只有真正认识到了这一点，才可能真正理解下面这段话的指导意义："教学方式的转变、课程结构的调整和教学内容的变化，让无数课堂充满了活力与温度。但要保持这可贵的温度，还需要教育具有相当的厚度乃至深度。课堂温度是表面的，通过技巧就可升温，但只有厚度与深度才能让课堂具有恒久的魅力！"

辩在课堂

学生的建构与教师有意义的引导

新课程改革强调学生的自主建构，强调要尊重学生自主、独特的学习方式。在教材编写上，则体现为编写者注重提供不同的解决问题的策略。如"两位数乘以两位数"一课，教材在创设问题情境，并抽象出数学问题后，呈现了数学算式"15×12"，接着提供了 4 种解决问题的策略：①$15 + 15 + \cdots + 15$（12 个 15 相加）；②$15 \times 2 \times 6$；③$15 \times 10 + 15 \times 2$；④用竖式计算。

这 4 种策略都能很好地解决"$15 \times 12 = ?$"这一数学问题，并且其中的任何一种都代表了一类学生独特的学习方式，都应该受到关注和尊重。但是，这并不代表不同的方法和策略在教师心中的地位是等同的。由于适用范围不同，所代表的思维层次不同，在教材知识体系结构中所处的地位不同，教师对各种方法和策略应该有"主次"之分（至少这一题如此）。如方法①，即使电子计算机已经普及，也不能说是一种值得提倡的方法；方法②和方法③，虽然看上去一样简便，但适用范围却有很大区别；至于方法④，形式也许最繁琐，但正确率最高。

学生由于受年龄和已有知识经验的限制，往往还不善于对各种方法进行客观分析和理性审视，他们容易被外在、直观的因素所迷惑。这就需要教师的引导，教师可在学生讨论、交流，并初步确定了自己最喜欢的方法后，适时出示习题"14×13"，让学生用自己最喜欢的方法进行计算。

学生在计算时，自然会发现，用方法①太麻烦；方法②只有当其中的一个因数含有 5，另外一个因数含有 2，也就是说这两个因数拆分后的积能凑成整十数时，采用该方法才比较简便；至于方法③和方法④，任何算式都适用。对于二者之间的联系，如果教师进一步启发，学生会进一步发现，方法③和方法④虽然形式上迥异，但本质上却相同，即两种方法实际上都是将其中的一个因数看成一个整十数和一个一位数，将这个整十数和这个一位数分别与另外的因数相乘，再把所得的乘积相加。教师再出几道题，让学生对比计算，找出方法③和方法④哪个更优越及方法④的独特性，学生在实际计算中和反复对比中会发现，方法④看上去可能呆板一些、繁琐一些，但步步都清晰明了，一般情况下不容易出错。

忽略学生自主性的教学是僵硬的，没有教师引导的教学是无力的，正确处理建构和引领二者关系的意义正在于此。在上述教学中，正是由于教师循序渐进的引领，学生才能触类旁通，发现各种方法的优劣，进而也才能根据各种算式的特点合理选择最适宜的计算方法。这仅凭学生的自主建构是难以实现的。

辩
在
课
堂

强调课堂的动态生成是否
就意味着否定教师的精心预设

对于一个教师来讲，最重要的是要了解学生已经知道了什么。了解得越充分，越接近学生的实际，越容易实现预设与生成的完美统一。

以"用计算器探索规律"（人教版课程标准实验教科书五年级上册）教学为例。经调查了解，学生大多认为计算器是帮助人们进行运算的工具，但对计算器的另外一个重要功能——帮助人类探索自然的规律却知之甚少；同时，很多学生都知道计算器只能显示有限数位（一般是 9 个数字）这一特点，但体会不深（生活中的确很少会用到如此大数目的计算）。针对学生的客观基础，一位教师设计了如下教学程序。

首先呈现三道计算题，问："你们能用计算器迅速算出答案吗？"

"能！"学生很快写出了答案。

"那么，现在你们会使用计算器了吧？"

"会！"学生满怀信心。

"好，请同学们迅速算出 999999999×999999999 等于多少？"不一会儿，就有学生举起了手，

"老师，等于 988888888。"教师微笑不语。

马上有学生顿悟："老师，不对，两个因数都比 988888888 大，积一定比 988888888 大，所以 999999999×999999999 的积不可能是 988888888。"

"那计算器为什么显示 988888888 呢？难道计算器也会算错吗？"

课堂陷入了短暂的沉默，片刻之后，又有学生举起了手："不是计算器出了错，而是计算器的屏幕长度有限，只能显示 9 个数字。"全班恍然大悟："是啊！是啊！计算器只能显示 9 个数字，而 999999999 乘以 999999999 的积显然要比 9 位数大。因此这道题不能用计算器计算。"

"真的吗？"

"不能!"学生斩钉截铁地答到。

教师随手写下三道算式：$9 \times 9 =$ ____ ；$99 \times 99 =$ ____ ；$999 \times 999 =$ ____ 。

"这三道算式可以用计算器计算吗?""可以。"

"同学们算算看，看看有没有什么新的发现?"

学生埋头计算，慢慢的，喜悦荡漾在每一个人的脸上："老师，我找到规律了：它们的积都可以看作是由 9、8、0、1 四个数字组成的，其中 8 与 1 始终只有 1 个，而 9 与 0 的个数比因数的位数少 1，比如说 999×999，因数的位数是 3，所以积中就包含 2 个 9 与 2 个 0，积等于 998001。"

"你们找的规律也是这样的吗?"其他学生也点了点头。

"那么现在你们知道 $999999999 \times 999999999$ 的积等于多少了吗?"

"知道，999999998000000001。"同学们异口同声。

"同学们是怎样知道的?"

"先观察算式的特点，再根据特点列出几道简单的算式，用计算器探索规律，最后根据规律推想复杂的算式……"学生们边回答教师边在黑板上写道：由简及繁，由易推难。

反思上述教学之所以获得成功，其中最关键的因素就是教师准确地把握了计算器的特点，把握了学生的客观现实。因此，能够依据学情相机点拨，使教学既井然有序，又显得动态生成。

当然，"生成"应是教师意料之中的，是遵从儿童身心特点和知识内在规律的预约性生成，但这并不意味着教师能够而且必须预想到学生的所有可能。相反，对课堂教学中的意外的处理，更能折射教师的机智与教学智慧。但是，对教师教学机智与教学智慧的过度膜拜会使教师，尤其是年轻教师陷入神秘主义。因此，笔者认为，课堂教学中教师收放自如的教学表现，与其说是教育机智，不如说是精心谋划。因为，课堂教学只有罩上理性的光辉，才可能登堂入室，撩开神秘的面纱。

过程与方法，情感、态度、价值观等目标的追求，是否必然以牺牲数学知识和数学技能的严格要求为代价

新课标将课程目标定位为知识与技能、过程与方法、情感态度与价值观。但教学目标的多样化并不意味着教学环节就可以简单相加，更不意味着教学流程的拖沓。恰恰相反，实现教学目标不能以增加学时为代价，要实现教学目标也不能以降低数学知识和数学技能训练的要求来换取。因此，教师在选取教学素材或设计教学环节时，应尽量选取那些蕴含丰富教育信息、折射多重教育功能的材料服务于教学，使其既简约流畅又意蕴丰富。如以下教学案例。

教师在执教"乘法的初步认识"时，首先创设情境，让学生在规定的时间内，摆出自己最喜欢的图形，然后组织学生交流。由于家庭环境、兴趣爱好、思维方式不同，学生摆的图形也就各不相同。因此，课堂呈现出多样和个性的美，同时也为学生学习研究和探讨乘法提供了丰富的素材。如学生将加法算式改写成"几个几相加"，进而改写成"几×几"，都是对自己以及对同伴所列加法算式的加工与改造，其关注点主要是"相同加数的个数"，但对加法算式改写成乘法算式的另一前提"加数必须相同"，却关注甚少（某种程度上是教师有意为之）。

有鉴于此，教师抓住学生课堂思维活跃、学习成效突出这一点，适时予以奖励：甲同学奖励一支铅笔；乙同学奖励两支铅笔；丙同学奖励三支铅笔。一方面，激发了学生学习的积极性，另一方面，也为学生进一步研究乘法提供了新的契机和可能。教师可以就奖励提问题："老师一共奖了多少支铅笔，用算式怎样表示？""这道算式能改写成乘法算式吗？""为什么同样都是加法算式，前面的算式都能改写成乘法算式，而'1＋2＋3'却不能呢？"从而，将学生的注意力集中到加法算式改写成乘法算式的前提上。学生在对两组算式的直观对比中，通过多种感官的积极参与，在思维的交

流和碰撞中，可以感知到两组算式的不同：前面的算式之所以能改写成加法算式是因为它们的加数都相同，而"1＋2＋3"加数各异，所以不能改写成乘法算式的形式。

　　一箭双雕是上述教学的高明之处。无论是知识点的教学，还是学生个性的彰显；无论是奖励和评价的体现，还是学生主体性的铺陈都相得益彰。究其原因，活动不仅顺应了学生的天性，更是为学生提供了探究素材；评价不仅激励了学生学习，保护了学生学习的积极性，同时也充当了课堂教学资源的角色。

辩

在

课

堂

深度课堂就是繁、难、深的课堂吗

　　儿童数学要想变得深刻，就必须超越现有教材，对内容进行深度拓展和挖掘。那么，小学数学教学内容是否真的有些简单？教学内容的简单是否就意味着探究活动无法深刻？

　　儿童数学强调数学的本质，其内容更接近数学教育本质，即数学的思想方法。因此，如果教师能从条分缕析的知识体系中跳出来，从一个个分散的知识点中抓到学科本质、朴素的思想方法，挖掘数学教学的思想与意义，那么，数学教学就会于简单处见深刻，教学也会因此显得有厚度。以"长方体的体积"的教学为例。

　　首先，教师直接呈现一条线段。（如图 1）

　　师问：这条线段有几米？你是怎么知道的？

? 米　　　　1米

图1

　　生：4米，用单位为 1 米的米尺量了 4 次。

　　师：（出示一个长方形，如图 2）长方形的面积是多少？你是怎么知道的？

图2

　　生：12 平方分米，因为用面积为 1 平方分米的正方形去度量，度量了 12 次。（如图 3）

面积：1平方分米

图 3

师：（出示长方体，如图 4）长方体的体积是多少？要想知道长方体的体积，你有什么好的方法？

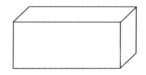

图 4

由于有了前面两个问题做铺垫，学生能想到要用体积单位去度量。这不仅赋予了体积单位以实际的意义，同时也顺利地引导学生参与"用边长为 1 的正方体摆长方体"的实践活动。此外，更重要的是教师并没有局限于某一知识点，而是从具体的教学任务中跳出来，将长方体体积公式的教学提升到"计量"的高度，从而与线、面的度量相统一，在顺利实现学生迁移的同时，也让学生体会到，线、面、体的测量实质是一样的，即都是用相应计量单位去度量，计量单位与其数量是对应的。

深刻的课堂并不一定就是难度课堂，也不是只有少数学生才能参与的课堂。相反，它是日常的课堂，是常态的课堂，是每一位教师都能驾驭的课堂，使课堂教学具有学科的本质意义并符合大多数教师的教学水平。

"公平"就是平均每人得到的数量一样多吗

案例："平均数的认识"（北师大版课程标准实验教科书三年级下册）。

师：妈妈买了一些糖果，她将这些糖果分给了小明和妹妹，（如图）对这种分法，你们有什么意见吗？（暗示学生）

生：有意见，妹妹分得少了一些。

师：是呀，妈妈对小明就是有点偏爱。

......

师：你们看看，怎样分配会公平一些呢？

糖果总数	小明	妹妹
10	6	4

生：平均分配就公平了。

生：把小明其中的 1 个给妹妹，这样就公平了。

师：对，只有这样分得同样多，才算公平。

反思上述案例，平均分配就很公平吗？"公平"就是平均每人分得的数量同样多吗？

事实上，平均数（又叫算术平均数）和中位数、众数一样，都是表示一组数据集中趋势的数据，都可以作为一组数据的代表数据。只不过，使用数据时的立场不同，选取哪个做代表数就会不同。如下表中，某公司在表示职工的福利政策时，经理与副经理比较倾向于用员工平均工资代表职工的标准收入，而多数职工则认为用中位数和众数表示整个公司的实际收入水平更合适。可见，算术平均数只是一种标准，并不是衡量分配是否公平的一个合适的维度。

1996 年 3 月××游戏公司职员工资支出一览表

职务	人数（人）	月薪（元）
经理	1	6 500
副经理	3	4 000
技术员	23	1 100
后勤人员	3	500
总计	30	12 100

理解了平均数蕴含的实际意义，怎样导入平均分才合适呢？其实，方法很多，教师可以这样引导："除了这样分，还可以怎样分？"有学生会想出把 10 个糖果平均分成 2 份的方法，即每份 5 个。

"在这么多分法中，有一种分法与其他都不相同，同学们，你们知道是哪一种分法吗？"

这样，不仅可以顺利引出平均分的概念，同时也渗透了平均分和不平均分两种分法的区别。

正如有位知名数学家所言，教师在把数学的学术形态转变为学生易于接受的教育形态时，最重要的"并不在于教学的最好方式是什么，而在于数学是什么"。

理性结果比理性精神更重要吗

有人形象地形容现在的探究式教学，"探究的环节都有了，探究的程序都走过了，数学家孜孜以求的样子也模拟得像模像样了，但学生的科学素养还是一片空白"。其中，教师理性精神的缺失是一个很重要的原因。众所周知，理科教师尤其不能犯知识性错误，这是每一位年轻教师竞争上岗必须遵循的金科玉律。但往往由于高度关注结论的正确性，导致教学中有所疏漏。

案例："体积与容积"的教学。

教材先让学生通过说一说的活动，交流物体的大小和容器的容量，让学生感受物体有大有小，容器能放的物体也有多有少。然后，采用直观实验的方法，引导学生解决"土豆和红薯哪一个大"的问题。用两个相同的量杯倒入相同的水，再放入土豆和红薯，让学生观察水面的变化情况。两个物体放入水里后水面上升了，说明它们都占了一定的空间；水面上升的高度不一样，表明两个物体所占空间的大小不一样。

实验中使用了量杯这个器皿，且是两个完全一样的量杯。针对这个情况有些教师思考，为什么不分两次把土豆和红薯放入同一个量杯，进而比较放不同物体时水面的高低变化？这样不仅节省实验器材，而且比较结果可能更精确、更直观。

一位教师做过这样的尝试。但在实验的过程中，有位学生提出质疑：将土豆放入水中再取出来时，土豆沾了一些水，因此第二次放红薯时量杯里的水就少了一些，比较出来的并非土豆和红薯的真正体积。

这出乎教师的意外，但教师并没有慌张，而是循循善诱："土豆沾的水多不多？这一点水会不会影响比较的结果呢？"

事实上，这一点水不会影响比较的结果，因为土豆和红薯的体积不是非常接近，因此，额外增加或减少的那一点水不可能改变最初的对比。

但是，相较于关心实验结果，笔者认为实验过程同样重要。具体到本实验就涉及科学精神的遗失问题：当实验过程中出现"不利因素"的时候，教师轻描淡写地忽略那一部分被沾染出去的水，虽然保证了实验结果的正确性，但无意中，却向学生传达了一个信息：为了得到理想的"答案"，任何对结论不利的因素都可以忽略不计。有的学生也会产生错误的认识，如果心中有了"定论"，对收集到的事实证据就可以依据自己的倾向区别对待，直到能够证明"定论"为止。如果学生经常这样耳濡目染，又怎么能形成实事求是的科学探究精神？又怎么能形成以实验为依据，以事实为准绳的勇气？学生又怎么会理性、审慎地看待问题、关注周围，并理解世界？

　　相比于理性结果，理性精神更重要，至少同样重要！

辩

在

课

堂

情境是敲门砖，还是数学课程的承重墙

当前，在新课程理念指导下，部分课堂情境创设体现出一个特点：教学情境成为教师激发学生学习兴趣和引入新知的工具，当发挥完其价值后，情境就被抛在一边了。准备教学情境需要大量的时间和精力，如果轻易弃之不用会影响教学效率。因此，提高课堂教学效率，应把情境从敲门砖变为承重墙。

那么，什么是数学课程的承重墙呢？其内涵是什么呢？以下列几个情境为例进行说明。

情境1："九＋几"（人教版课程标准实验教科书一年级上册）情境中蕴含着算理。

上述情境是一个好的情境，理由有三，第一，这是学生熟悉的生活化的情境，因而能够有效地激发学生的兴趣；第二，能迅速引出教学内容；第三，情境蕴含了教学的核心目标。

本节课教学的核心目标是上述生活化的情境能很好地体现教学方法：生活中的很多物品都是以十个一包来装的：如铅笔、牛奶、乒乓球等，因为 10 个 1 盒包装的物品比较好数，对于学生理解凑十法也非常关键。

教师在学生交流各种算法之后，要进行点拨，让学生在算式与图景之间进行对照，从而深刻地理解凑十法。

情境 2："两位数乘整十数"（苏教版课程标准实验教科书三年级下册）情境中蕴含着丰富的算法。

三年级有 117 人，每人一瓶牛奶，搬下 10 箱够不够？

这也是一个好的情境，因为在情境中融合了丰富的数学思想，准确地说是在情境中融合了丰富的算法。第一种，乘加计算。10 箱牛奶分两次搬，第一次搬来 9 箱，后来搬来 1 箱，先搬来的加上后搬来的，等于牛奶的总体瓶数，列式为 $12 \times 9 = 108$ 瓶，$12 \times 1 = 12$ 瓶，$108 + 12 = 120$ 瓶。第二种方法，由平均堆放成两堆可以得到启示，先算 12×5，再乘以 2。根据直观提示，学生也可能由 $12 \times 1 = 12$ 想到 $12 \times 10 = 120$ 瓶。

上述情境的另一个好处在于其渗透了一个重要的数学思想：转化。通过情境图的提示，如按过程分，可以分为已经搬来的和正在搬来的，按位置分，分成左边的和右边的，这样就将一个没有学过的问题转化成一个已经学过的"两位数乘一位数"加上"两位数乘一位数"的问题，即连乘问题，因此，也体现了转化的思想。

自主探究就是让学生自己探究吗

建构主义学习理论认为，学习不是被动接受的过程，而是学习者在一定情景中，借助资料或他人的帮助，对学习材料主动同化和顺应的过程。现代心理学研究也指出：知识并不能简单地由教师或其他人"传授"给学生，而应由每个学生依据自己的知识和经验主动地加以"建构"。基于这些认识，课程标准提倡让学生自主地学、主动地学。但是，自主绝不等于完全自由。

如（"平行线的认识"人教版课程标准实验教科书四年级上册）的教学，首先，教师让学生用两根小棒表示两条直线的位置关系。通过这一设计可以把握平行线的内涵，因为学生置身其中的是一个立体的世界，两条直线的位置关系首先是以空间而不是平面的形态出现在学生面前的，数学应该从空间的维度来建构学生对平行线的理解，上述设计正好为学生从空间维度来建构提供了可能。但是，事实上，以具体形象思维为主的学生，很难将两根小棒的位置关系抽象为数学模型，也就无法从纯数学的角度对两条直线的位置关系进行理性的思考。因此，就无法对"平行"进行抽象的概括和理论的升华。因此，教师应及时提供"支架"，可根据学生的描述，进行引导、纠正……帮助学生整理出如下图形。然后，要求学生分类，这样才能确保学生能概括出平行线的概念。

由此可见，给予学生自主并不意味着不需要教师主导，更不意味着教师要对学生听之任之。相反，自主学习方式对教师提出了更高的要求，教师只有时时分析整合学生在学习过程中的反馈信息，并适时引导、点拨、疏通、提升，才能确保学生的探究取得成功，也才能确保学生的学习获得持久的动力。

任何问题都需要让学生探究吗

传统课堂教学以课堂、教材和教师为中心，而学生却被视为被动接受知识的容器。为了改变这一倾向，新课标倡导把探究学习及小组合作和动手实践作为重要的学习方式。但是，教学实践中，部分教师把"探究"视为"万能钥匙"，不论什么情境都要求学生进行探究。如"乘法的初步认识"（人教版课程标准实验教科书二年级上册）的教学。

在学生自主拼摆图形的基础上，教师组织学生交流：

你摆的是什么图形？

你摆一个这样的图形用了多少根小棒？

你摆这么多图形一共用了多少根小棒？

学生的方法多种多样：有一个一个累加的；有把几个相同的加数合并成一个较大加数后再连加的；有直接用乘法进行计算的……

如果只看教学片段，这是一堂符合新课程理念的课，教师为学生提供了足够的探究空间，学生的探究是自主性的，学习也是富有成效的。但问题的关键是，"乘法的初步认识"的教学目标并不是怎样算出一道加法算式的得数，而是让学生初步理解和认识乘法，并让学生在对乘法和加法两种方法的直接对比中感受到：当相同加数的个数比较多时，用乘法进行读、写、算都很简便。因此，理解乘法的意义和与乘法相关的几个概念才是本节的重点。在上述教学中，教师在关键环节没有进行规划性的探究，浪费了教学时间，导致学生没有充足的时间理解和探究乘法的意义，从而导致教学目标难以实现。要使学生的探究学习变得有意义，教师应该在教学的疑难之处、问题的关键之处、知识的转换之处组织学生进行探究，既能让学生掌握数学知识，又能培养学生的探究能力。

学生经历的是一个科学的探究过程吗

数学教学应从传统的传承式教学转向科学的探究式教学，让学生像科学家探究数学的公式、定理、性质和法则一样，经历完整的探究过程。但是，有些教师由于对探究学习的理解偏差，导致教学中出现散漫、随意，甚至是错误的探究。如"可能性"（人教版课程标准实验教科书三年级上册）的教学。

为了让学生体验生活中事件发生的"确定性"与"不确定性"，教师设计了摸球游戏，其教学程序大致如下：

1. 介绍游戏"材料"：一个装有黄球和白球的盒子，一张记录表；

2. 教师讲解游戏规则：按照规定的次数（20次）在小组内依次摸球，每摸出一个球记录一次，摸出的球放回盒子内，先完成实验的小组获胜；

3. 学生分组活动；

4. 教师统计、分析摸球结果，表扬获胜小组。

通过这一教学过程可以看到：活动主旨不是学生自主选择的，活动方

辩

在

课

堂

案（包括小组分工、注意事项、摸球次数）不是师生共同商定的，对活动的评价单纯地以"快"为标准，这有违科学探究的重要因素。除此之外，另一个细节也值得商榷，摸球活动中有的学生随手将球扔到另外一个盒子里，这改变了实验的一个重要前提——每次摸球时盒子里球的总数量及黄、白球的数量一定不能改变，否则影响对数量的判断。盒子中的球如果数量不相等，说明学生实验的样本不相同。那么教师的统计就是不科学的，根据统计的结果作出的猜测和验证也是不科学的。原因在于，教师对探究缺乏科学的设计，缺乏严谨、求实的态度。从而对培养学生的科学的探究精神、严谨的探究作风、实事求是的探究态度产生不利影响。

学生探究的结论真的是自己发现的吗

案例——"工程问题"（人教版义务教育教科书六年级上册）。

教师在和学生谈话的基础上，搜集整理了一个问题：为了首届国际体操艺术节，某公司计划加工2 400件服装，如果单独交给甲厂，需要8天完成；单独交给乙厂，需要12天完成。如果两个厂联合加工，需要多少天完成？

学生的方法主要有以下两种：①2 400÷（2 400÷8＋2 400÷12）；②1÷（1/8＋1/12）。教师让学生比较这两种方法，首先，第二种方法少用了哪个条件？第二，为什么可以不用这个条件？引导学生总结出工程问题，可以把工作总量看作单位1，用单位1除以每天的工作效率和，也可以得出工作时间。

这个"发现"确实体现出了工程问题的本质：工作总量与每天工作量的比率一定时，把工作总量看作单位1更有利于解决问题。但是，这是学生自己的发现吗？如果仅仅因为第一种方法用到了2 400这个数而第二种方法没有就把它作为思考问题的突破口，那学生需要思考的问题就有点多了。新课程理念下，应用题的条件不是唯一，它要求学生首先对搜集到的相关信息进行分析和取舍。因此，把2 400看作单位1与其说是学生的发现，倒不如说是教师强加给学生的"答案"。笔者建议，教师在学生发现了以上两种解法后，不动声色地改变工作总量，可以将要加工的服装数改成3 000，甚至3 600，再要求学生解答。他们自然会发现，不管工作总量如何变化，两个厂合起来加工所需要的时间总是保持不变。学生对此进行反思、质疑并讨论后会发现，虽然加工服装的总量不断变化，但每天加工的服装的数量也在随之变化，但二者的比率始终不变。正是因为比率始终不变，我们才能忽略具体的数量，把它看作单位1，而不影响解题的正确性。只有经历了这样的思考过程，学生的发现才真正是自己的发现。

辩

在

课

堂

105

是以学定教，还是削足适履

　　人是教育的出发点，也是教育的归宿。由于每个人的知识背景、思维方式和文化环境存在差别，因此，对同一问题的理解与表达方式也存在差异。数学教育中也要顺应儿童的天性，允许学生用自己喜爱的方式学习数学、用自己的速度学习数学，但这并不意味着放松对学生的要求，削足适履，为顺应学生的差异而削弱数学基本思想和基本知识的教学。如针对"9＋2"的教学，学生可能会有以下4种计算方法。

　　1. 从1开始，一个一个地数数，1，2，3，…，9，再接着往下数2个数，10，11，所以9＋2＝11；

　　2. 由于9＋1＝10，2比1多1，所以9＋2＝11；

　　3. 由于8＋2＝10，9比8多1，所以9＋2＝11；

　　4. 因为10＋2＝12，9比10少1，所以9＋2＝11。

　　教师在教学中要照顾学生的不同思维方式。对于思维还局限在逐一计数水平上的学生，允许其用解法1进行计算；已经会用逻辑思维方法进行推算的，鼓励其用方法2、3进行思考；已掌握了以十为单位计数的则提倡其用"凑十法"进行运算，如解法4。事实上，"9＋2"的教学，更重要的应是引导学生掌握"以十为单位计数"的思想。这既是后继学习的需要，也是提高学生认识水平的需要。教学应注重这两个方面，如果只看到一方面而忽略另一方面，容易导致只见树木，不见森林，如果为了张扬学生的个性而置数学基本知识、基本思想而不顾，无异于削足适履。

　　新课标明确指出：义务教育数学课程的最终目的是为学生的终身可持续发展奠定良好的基础。如果没有基本知识、基本思想的支撑，学生的可持续发展只能是一句空话。

是算法多样还是本末倒置

案例："连加"（北师大课程标准实验教科书一年级上册）。

（CAI课件呈现，如图1）

图1

师：看了这幅图，你能得到哪些信息？

生：车上有2个人。

生：有3个人在上车。

生：有2个人还准备上车。

师：你能提出一个什么数学问题？

生：这一站上了多少人？

生：这站过后车上有多少人？

师：计算这站过后车上有多少人该怎样列式？

生：2+3+2。

（CAI课件呈现，如图2）

师：列车继续出发，很快来到了下一站。你又发现了什么？

生：前门上了2个人，后门下了3个人。

师：现在你又可以提出哪些数学问题？

生：这一站过后车上还有多少人？

图 2

师：计算这一站过后车上还有多少人怎样列式？

生：7＋2－3。

生：7－3＋2。

师：还有没有不同的想法？

生：7－（3－2）。

课后，围绕这一环节大家展开了热烈的讨论。大多数人认为，教师允许学生从不同角度思考问题，并勇于呈现学生的多种想法，体现了教师追求算法多样化的理念。的确，如果仅从解决问题的角度看，上述做法无可厚非，但如果放在整个教材体系中看，这样处理就值得商榷。首先应厘清一个问题：为什么教材在 10 以内的加减法中学习连加、连减、加减混合？

解读教材会发现，之所以这样是为了后面学习 20 以内进位加和退位减的需要。具体地说，20 以内的进位加，如"9＋4"，最常用、最基本的方法是凑十，把 4 拆成 1 和 3，9 加 1 等于 10，10 再加 3 等于 13。（如图3）

$$9 + 4 = 13$$
$$1 \quad 3$$
$$10$$

图 3

退位减也是如此，以"13－4"为例，解题有两种策略：第一，拆减数，把 4 拆成 3 和 1，13 减 3 再减 1（如图4）；第二，拆被减数，把 13 拆成 10 和 3，10 减 4 等于 6，6 加 3 得 9（如图5）。可见，无论是拆被减数还是减数，实质上都进行了两步运算，用到了加减混合或连减的方法。

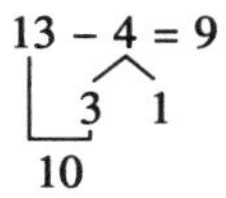

$$13 - 4 = 9 \qquad 13 - 4 = 9$$

$$3 \quad 1 \qquad 3 \quad 10$$

$$10 \qquad\qquad 6$$

图 4 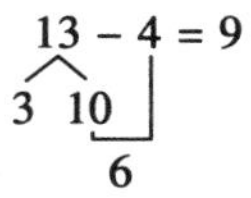 　　　　　 图 5

　　分析后可知，在"10以内加减法"这个单元增加这么难的题目，目的是为以后的教学内容作铺垫。教学中如果出现了超前的教学内容，教师应能把握好度，做到到位而不越位。否则，容易本末倒置。

辩

在

课

堂

交流，一定要让会做的学生先说吗

实施新课程以来，学生两极分化现象仍然很严重。其中一个不容忽视的影响因素就是教师组织学生交流的方式。

组织学生交流时，教师通常是让思维敏捷、口齿伶俐的学生先说。这在给这些学生更多的锻炼机会的同时，也容易给教师以错觉，即教学目标已经顺利达成。但是，"在表面的积极性和一切顺利的假象背后，中等生、后进生是否也有独立思考、独立解决问题的体验，我们不得而知。"（苏霍姆林斯基）因此，教师在组织学生交流时，不妨让不会做的学生先说。下面是笔者的一次教学尝试。

"一艘航空母舰以每小时 60 千米的速度从东往西航行，一架飞机从航空母舰上起飞，以每小时 300 千米的速度向相反的方向飞行，飞机带着三个小时的燃料。问飞机最多往东飞行多少千米就必须返回，才能安全地降落在航空母舰上？"

在学生自主探讨的过程中，只有少数学生掌握了正确的解法。因此，交流时有意识地让不会做的学生先说，包括做题时遇到的困难，以及不明白的地方。结果，学生提出了他们的困惑："问飞机往东飞了多少千米，实质是求朝东飞行的路程。要求路程一般应先知道速度和时间。现在只知道飞机的速度，但是不知道飞机往东飞行了多少小时？""飞机在飞的时候，航空母舰也在走，飞机返回来赶上航空母舰的时候，不知道航空母舰距离出发地走了多远？"学生的疑点正是解决此题的难点，也是关键。因此，师生围绕疑点展开的探讨过程，正是围绕重点的过程，有了这样的过程，学生尤其是中等生和"后进生"才可能对该问题真正有所领悟，进而学有所得。

教师如何让学生高兴地站起来讲述自己的困惑，带着尊严体面地坐下去？这考量着教师的智慧。笔者认为可从以下两方面着手：第一，学生不愿意表述困惑时，首先应晓之以理，让学生明白，即使做不出题目、能把遇到的困难讲清楚也是一种贡献。第二，学生思维如果一时转不过弯儿时，应顺势引导，以揣摩和商榷的口气，既要引出研究的问题，又要化解学生的尴尬。

辩

在

课

堂

展示，究竟应该做加法还是减法

著名数学家华罗庚认为，读书有几个层次，第一个层次说的就是读死书，死读书，书越读越厚，头脑中记忆的东西越来越多，最后头脑成了知识的集散地。因此，善于读书的人总是在理解的基础上进行总结概括，去粗取精，将书越读越薄。先贤的理论对教学很有裨益，可惜在数学教学中，尤其是在算法多样化的教学中，往往忽视师生、生生和数学本质的对话与沟通。事实上，这正是当前课堂交流低效甚至无效的关键所在。因此，在倡导算法多样化的过程中，不仅要做加法，更要做减法；不仅要追求方法的多样化，更要对各种方法进行分析、比较、归纳、批判和整合。下面是一位教师所做的尝试。

针对"鸡兔同笼"问题，教师抛出问题引导学生自主探究后，面对学生的许多解法，教师没有满足于让学生进行单纯的展示，而是挑出典型算法，并在学生自主展示的基础上，又别出心裁地假借学生名义补充了另外一种算法：图画法。

"刚才老师发现一位同学是这样做的。（教师出示下图）同学们看看，有没有同学能看懂他的意思？"

这个图示难不住六年级的学生。第一行用 8 个圆圈代表笼子里的 8 只动物。第二行表示首先把 8 只动物看成 8 只兔子。可是这样画就有 32 只脚，然而题目告诉我们只有 26 只脚，兔子比鸡多两只脚，因此第三行表示两只脚两只脚地去掉，去掉 3 只动物的脚时，正好去掉（32－26）只脚。

"同学们想想，这种方法和我们刚才交流的列举法、以鸡当兔法、以兔当鸡法有什么联系？"

在教师的启发下，学生很快找到了它们之间的联系：以鸡当兔实质上是先把笼子里所有的动物都先画成兔；以兔当鸡则是把笼子里所有的动物都先画成鸡；而按顺序列表的过程也可看作是先假设笼子里全部是鸡或兔，然后根据脚的数量依次调整、逐步找到正确答案的过程。

事实上，如果教师再加引领，学生还可以厘清一个机械展示很难解决的问题：明明是假设笼子里全部是兔（或鸡），可是为什么先求出来的反而是鸡（或兔）呢？联系图示可以看出，无论假设笼子里全部是鸡还是兔，都存在一个矛盾：应有脚的只数和实际脚的只数不相符合。因此，应调整为：假设全部是兔，就要将一部分鸡转换成兔；反之，则要将一部分兔转换成鸡。因此，先求出的实质上是要变回去的那部分，所以假设全部是鸡，求出来的反而先是兔，反之亦然。

上述案例中，课堂上虽然展示了多种方法，但是它们在学生头脑中却并不复杂，因为每种方法都有共同的线索——图画法。只要抓住这根线索，各种方法都能融会贯通！

优化，一定要以牺牲学生个性体验为代价吗

　　教育的目的是促进学生发展，而不是磨灭儿童的天性。因此，义务教育阶段小学数学教育应淡化甄别与选拔，突出激励、唤醒和鼓舞。以教学为例，教师必须对学生不同层次、不同等级的方法进行优化，然而优化不是优胜劣汰，也不是弃旧求新，相反，应以照顾学生个性体验、促进学生个性发展为前提。

　　如"找规律"的教学，教师先让学生听一段有规律的鼓点音频节奏，并让学生思考。

　　（1）找一找，它的规律是什么？

　　（2）想出一种自己喜欢的方法把这个规律表示出来，让别人一眼就能看明白。

　　（3）在你的表示方法中，照这个规律排列下去，第17个是什么？

　　由于学生个性存在差异，理解和建构问题的角度也各不相同，因此表达方法也体现出多样化的特点。

　　（1）用文字表示：强弱弱强弱弱……第17个为"弱"；

　　（2）用数字表示：123123……第17个为"2"；

　　（3）用符号表示：△○□△○□……第17个为"○"；

　　（4）计算：ABCABC……因为 $17 \div 3 = 5 \cdots 2$，所以第17个应该是"B"。

　　"那么，哪一种方法更简单呢？"随着老师的提问，学生几乎异口同声地认定第四种方法也就是使用计算的方法最简单。

　　"为什么？"教师追问。

　　"因为计算省时间，一道算式就够了，不像字母、符号、汉字那样要一个一个地板书，这样数字大的时候就非常麻烦，比如说问第101个鼓点，如果用汉字写要写到什么时候？"

　　"那么其他方法就一点优点都没有了吗？"教师反问。

学生陷入了沉思，很快有学生发言："文字、图形、字母比较清楚、直观，答案是什么，一眼就能看清楚，而且能保证答案绝对正确！"

"那么你觉得什么时候用什么方法比较合适？"

"数字小时，比如说七八个时选择图形、文字、字母等方法比较合适；如果数字大了，用计算的方法相对来说简单一些。"

上述案例告诉我们，优化不必以牺牲学生的个性体验为代价。"哪一种方法更简单呢？"面对学生众口一词的说法，教师刻意引导学生寻找不同的方法，将学生的注意力集中到了各种算法的价值和适用范围上。没有"最好"的算法，只有"最适合"的算法。通过分析、比较，学生不仅明白了各种算法的价值和适用范围，体会了具体问题具体分析的策略，同时，在反思中，他们实实在在地感悟到了思维的价值和知识的提升。这是在教学中单纯的优胜劣汰所做不到的。

学生的成功才是教育的成功，学生幸福教育才可能幸福。应能让学生逐渐学会优点与教师一起分享，缺点与教师共同改进。在反思中行走于课堂，才能在课堂上获得真知。

缺少的不是摈弃，而是改进

有时，生活的外延就等于教育的外延。数学作为教育的重要分支，语文作为学生生活的重要组成部分，理应为学生学习数学提供源泉。然而教学内容如何引入语文、以什么方式引入、什么时候引入却是需要斟酌的。下面以一位教师两次执教"用字母表示数"时引入古诗的不同经历，谈谈笔者对这个问题的理解。

第一次执教过程如下。

师：（临下课）百宝箱还为我们提供了什么学习宝贝呢？（打开百宝箱，呈现古诗）这首诗大家读过吗？

> 朝辞白帝彩云间，
>
> 千里江陵一日还，
>
> 两岸猿声啼不住，
>
> 轻舟已过万重山。

生：读过。

师：我们再小声读一遍，读的时候试着找出古诗中表示数的词语。

生：这首古诗中有四个表示数的字：千、一、两、万。

师：今天我们学习了用字母表示数，想一想在这些表示数的的字中哪些可以换成字母？

生：我认为这首诗中四个表示数的字都能换成字母。

师：为什么？

生：因为字母可以表示任意一个具体的数，所以"一""二"可以用字母代替。字母还可以表示一个不确定的数，这里"千""万"只是表示很多，不是真正指1 000天、10 000座山，用字母代替也很合适。

师：同学们说得很好。下面我们就把诗句中表示数的字换成字母，朗读一遍。

评课时，教师们普遍认为，将古诗中的数字改写成字母不合适。其一，破坏了原诗音韵的和谐。"朝辞白帝彩云间，x 里江陵 m 日还，p 岸猿声啼不住，轻舟已过 q 重山"，原本铿锵的音韵夹杂了几个不和谐的英文字母，读起来不再朗朗上口。其二，将古诗中的数字换成字母，淡化了古诗的意境。

但是，其中也有闪光点，用字母代表数字与古诗联系起来，学生非常感兴趣，课堂也呈现出少有的文化氛围。因此，笔者认为上述案例要做的不是摈弃，而是改进。那么，古诗与用字母表示数之间有没有共同点？如何在数学的层面找到古诗与用字母表示数的契合点？下面是该教师思考后的再次尝试。

1. 谈话引入。我国是有着丰厚文明底蕴的国家，创造了很多璀璨的文化。如中国的古诗就具有高度的简洁美，寥寥数言却可以涵盖万千（出示王安石的《梅花》）。

2. 初步感知。从这首诗中，你发现了什么数学问题（诗中"数"字是指好几枝梅花）？如果让你来画梅，你会画几枝？

3. 构建模型。你能从数学的角度想个办法，精练地表示出有多少枝梅花吗？

4. 揭示课题。数学如诗，其实数学也有如同诗歌一样的简练美，这节课就让我们一起走进"用字母表示数"的世界（板书课题），一起去体会简练的魅力。

与第一次执教相比，教者没有执着于对形式的演绎，而是巧妙地抓住用字母表示数与古诗之间的共同点：高度概括，力求简练、简洁，并巧辟蹊径，不仅渗透了人文的序曲，也完成了知识探索的任务。

辩在课堂

是"超越",还是"未及"

针对教师机械讲解教材的现象,新课程主张发挥教师的主观能动性,强调教师要由教材的忠实讲授者转变为课程资源的研究者、开发者和创造者。而任何对教材的研究、开发、重组和超越都应以尊重和理解教材为前提,否则会出现顾此失彼的现象。

以"三角形三边关系"的教学为例(如下图),三角形的三条边具有怎样的关系呢?或者说,怎样的三条线段才能围成一个三角形呢?有的教师认为"三角形较短两边的和大于第三边"远比教材上"三角形任意两边的和大于第三边"的结论准确。事实上,如果仅从操作层面上讲,前者对于

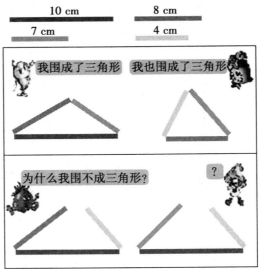

任意选三根小棒,能围成一个三角形吗?先围一围,再在小组里交流。

10 cm   8 cm
7 cm   4 cm

我围成了三角形   我也围成了三角形

为什么我围不成三角形?   ?

每次分别选用了哪三根小棒?比较这三根小棒的长度,你有什么发现?

判断"怎样的三条线段才能围成三角形"更有效。但同时却削弱了思维的丰富性。

　　具体地说，"三角形中任意两边的和大于第三边"包含三个层次。第一个层次属于机械应用的层次，如用长度分别为 3 厘米、5 厘米、6 厘米的三根小棒能围成一个三角形吗？答案是肯定的，但如果学生判断的依据是"3＋5＞6；3＋6＞5；5＋6＞3"，结果不能令人满意。因为老师都知道，如果两个较小边的和大于第三边，则第三边与一个较小边的和一定大于另一个较小边。因此，判断"三条线段能否围成一个三角形"的实质是判断一组数据，即判断两条短线段的和是否大于最长的那条线段。所以，学生只要发现 3＋5＞6，就应该能迅速地断定这三根小棒能围成一个三角形。但是，教学应不止于此，因为上述判断实质上还隐含着一个数学命题：既然判断"三条线段能否围成一个三角形"，只要比较较短两边的和与第三边的大小，那么，三角形三条边的关系为什么非表述成"任意两边的和大于第三边"呢？从而促使学生进行更深层次的思考。思考后，学生可以找到答案：一些特殊的三角形（等边三角形）的三条边都相等，没有长短之分，因此如果表述成"三角形较短两边的和大于第三边"，就不能涵盖所有的三角形。因而，就失去了结论的普遍性价值。

　　将三角形三边关系表述为"三角形任意两边的和大于第三边"不仅没有隐藏方法和技能，反而使思考更丰富、更多元：能促使学生不断反思困惑，进而让自己的思考向前迈进。从这个层面来理解，将"三角形任意两边的和大于第三边"更改为"三角形较短两边的和大于第三边"的说法并不是超越，反倒是未及。

怎样的错误才是应努力挖掘的资源

出错是孩子的天性。教师应宽容、善待学生的错误，这已成为广大教师的共识。但是，不知何时，宽容竟变成了一种诱导，善待也异化成一种鼓励。

不过相较于对教师不当评价进行单纯苛责，更深层的原因在于教师的教育思想。

某种程度上讲，错误是一种资源，因此，教师小心翼翼地"呵护"学生的错误，甚至挖空心思地"开发"学生的错误，虽然能让课堂不时闪现意外的精彩，却也常常导致课堂教学偏离既定的轨道而难以完成既定目标。

教师应思考这样的问题：所有的错误都是需要深入挖掘的吗？或者说，怎样的错误才是课堂上最应该挖掘和拓展的？

由于知识内部具有前后联系，也由于小学生身心发展的特点，他们在接受新知的过程中会表现出共性和阶段性，这在他们的学习中体现得非常明显。如学习了 2 和 5 倍数的特征，他们会理所当然地认为个位是 3、6、9 的数就是 3 的倍数；知道了"长方形的面积＝长×宽"后，学生也会想当然地认为平行四边形的面积等于相邻两边的乘积……这些错误的产生一方面是由于先前学习对当前学习的消极影响，另一方面也与学生对知识理解得不深和不透有关。

以"平行四边形的面积"教学为例，"长方形的面积＝长×宽，而平行四边形的面积为什么不等于相邻两边的乘积呢？"在学生说出这样的困惑后，教师出示了以下图片。

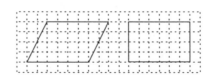

通过观察，学生发现：长方形的长表示一排摆了几个面积为1的正方形，宽表示摆了这样的几排，"长×宽"正好表示面积为1的正方形的总个数；而平行四边形则不同，虽然底还是可以看作一排摆了几个面积为1的正方形，但斜边绝对不能看作摆了这样的几层，因此两邻边相乘的积不能表示平行四边形里面积为1的正方形的个数。要想知道"平行四边形里面积为1的正方形的个数"，首先必须知道摆了几层，从图中可以清楚地看出，斜边不代表层数，高才表示层数，从而将探究活动指向问题的本质，同时，也深化了学生对面积的认识：求一个图形的面积，就看它包含几个面积为1的正方形。

总之，需要强调指出的是，广大教师应抓住规律性错误并努力挖掘，使其为教学服务，从而提高课堂教学效率。

面对生成，除了因势利导我们还应做什么

以下是一节随堂课，其中教师对一个习题的处理引起了我的注意。

"在校园里要把7棵小树平均种成6行，每行3棵，该怎样种？摆摆看。"教师最初是这样设计的。

1. 7棵小树种成2行，每行种4棵。

（1）每行种4棵小树，种2行为什么只需要7棵（有1棵小树担当2棵小树的角色，以一当二，所以少用1棵）？

（2）观察以一当二的小树种在了什么位置（种在2行小树的交叉点上）？那么在种树的时候，要想让1棵小树以一当二，我们应该怎样办（把小树种在交叉点上）？

2. 7棵小树种成3行，每行种3棵，该怎样种？请你画一画。

3. 6棵小树种成3行，每行种3棵，能种吗？

4. 增加1棵小树，7棵小树种6行，每行种3棵，怎样种？

点拨：第七行树应种在什么位置？

实际教学中前两个环节进行得非常顺利，但正要进入第三个环节时，一个学生忽然迫不及待地站起来发言："老师，我能让7棵小树种成4行，每行种3棵。"

接着，又一个学生站起来："老师，我可以让7棵小树种成5行，每行种3棵。"

"课堂是向未知方向挺进的行程，随时都有可能发现意外的通道和美丽的风景。"教师清醒地意识到了这一点，并马上调整了教学计划，因势利导，及时地处理了课堂的生成。

笔者以为，除了肯定教师的教学机智和调控能力外，教师还应该做的是进一步反思：学生的这种生成是意料之外还是情理之中的？如果是情理之中，那么我们遗漏了什么？

如果顺着思路进一步反思就会发现，学生的"生成"有迹可循。

具体地说，对于"7 棵小树平均种成 6 行，每行 3 棵"这类问题，生活中其实并不缺少类似的事例，如三角形的中位线、高和角平分线相交于一点。

以三角形中位线为例，三角形有三条中位线，且三条中位线相交于一点。这是个大家都熟悉的知识，也就是上述难题的原型：把顶点、三边中点和中位线与中位线的交点都看作一棵树的话，三角形与中位线组成的图形刚好符合题意（如图 1）。

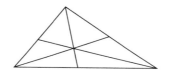

图 1

有了这个认识作基础，只要稍加变通，我们就很容易得出其他结论。如只需去掉其中一条中位线，那么"7 棵小树平均种成 6 行，每行 3 棵"就变成了"平均种成 5 行，每行 3 棵"，以此类推，就能得到"平均种成 4 行，每行 3 棵""平均种成 3 行，每行 3 棵"……实质上，这正是学生能跳开教师思路"无意"找到问题"捷径"的一个重要原因，但也从一个侧面彰显了本节课的课堂教学思路。

第一步，7 棵小树种成 2 行，每行种 4 棵（如图 2）。

图 2

第二步，7 棵小树种成 3 行，每行种 3 棵，该怎样种？请你画一画（如图 3）。

图 3

第三步，在上面的图形上移一移，改一改，你能将7棵小树改成4行，每行种3棵吗？请你画一画（如图4）。

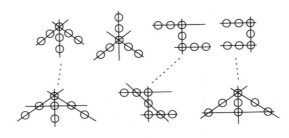

图4

第四步，如果改成5行、6行呢？7行呢？怎样移？涂一涂，画一画（如图5）。

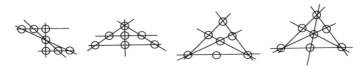

图5

第五步，教师补充三角形的高、中位线、角平均线都相交于一点（图略），其中任何一种都可以实现"7棵小树平均种成6行，每行3棵"。

"手中无剑，心中有剑。"武侠小说经常这样形容剑客练剑的境界，其实课堂教学何尝不是这样。对于课堂上稍纵即逝的信息以及学生机智巧妙的生成，都需要教师能够随机应变和因势利导，但是，作为一名教师，无论课堂怎样变化，心中都应该有一杆秤，即对所教内容的高度理解和深刻把握，而这离不开教师对自己课堂持续而长久的反思。

教应用还是教解题

　　我国古代数学专著《算法统宗》中有这样一道题：一百馒头一百僧，大僧三个更无争。小僧三个分一个，大小和尚得几丁（人教版课程标准实验教科书六年级上册第 117 页）。翻译成现代文是"100 个和尚吃 100 个馒头。大和尚一人吃 3 个，小和尚 3 人吃一个。大、小和尚各多少人？"

　　这道题可用假设法解。假设都是大和尚，那么应该吃"$100 \times 3 = 300$"个馒头，可实际上只有 100 个馒头，还需要 200 个。为什么还需要 200 个呢？因为把一些小和尚当作了大和尚。把一个小和尚当作一个大和尚就要多得（$3 - 1/3$）个馒头，还需要 200 个馒头说明是把"$200 \div (3 - 1/3) = 75$"个小和尚当作了大和尚。小和尚是 75 个，大和尚就是"$100 - 75 = 25$"个。

　　当然，还有其他解法。如 100 个和尚吃 100 个馒头，算成平均数刚好每个人 1 个馒头，而 1 个大和尚和 3 个小和尚合起来应该吃"$3 + 1 = 4$"个馒头，平均后正好也是每人 1 个馒头。这给我们的启示是：如果把 100 个和尚每 4 个分一组，让每组里面都有 1 个大和尚和 3 个小和尚，只要每组发 4 个馒头，就刚好实现"一百馒头一百僧，小僧三个分一个，大僧三个更无争"。

　　思路是非常巧妙的，但前提是学生首先认识到一个事实：100 个和尚吃 100 个馒头，正好每个人平均吃 1 个馒头；1 个大和尚加 3 个小和尚也刚好是 1 个人平均吃 1 个馒头。

　　这是启示学生分组的基础。如何让学生联想到这一点，尤其是没有教师的牵引而自然地得到呢？下面是笔者的尝试。

　　师：烧火僧兴冲冲地把馒头蒸好了，可是在把馒头端上来之前，望着餐厅三个一群、五个一伙胡乱坐在一起的大、小和尚，烧火僧发愁了。同学们，你们知道烧火僧为什么发愁吗？

　　（生沉默不语，教师相机启发）

　　师：同学们想一想，如果你是烧火僧，如果由你给坐在不同桌子前的

大小和尚派发馒头，你首先考虑的是什么？

（生举手）

生：馒头要分好。

师：能具体说说吗？

生：如果我是烧火僧，由我负责派分馒头，那么最好每个桌子上要送的馒头一样多，并且馒头的个数都是整数。

师：分馒头有两点很重要，同学们注意到他刚才说哪两点比较重要？

生：每个桌子上要送的馒头个数要一样，并且馒头的个数应该都是整数。

师：老师理解每个桌子上的馒头个数一样多，因为这样送起来方便一些。但是，馒头的个数为什么必须是整数呢？

生：老师您想一想，如果不是整数，馒头端上来之前还要把它撕成几片，这多麻烦呀！

师：经你这么一说老师明白了，相信所有学生也都明白了。现在老师还想问一问，究竟怎样才能做到每个桌子上的馒头个数一样多，并且分给每个桌子的馒头个数也都是整数？

（学生沉思，教师接着启发）

师：这关键要看什么？

生：关键是和尚要坐得有规律。

（教师板书"有规律"）

师：很好，和尚怎样坐就能既保证分到每个桌子上的馒头个数一样多，也保证每个桌子的馒头个数都是整数？

教室出现了短暂的沉默。不一会儿，学生陆续地举起了手："老师，很简单，只要和尚们这样坐：一个桌子上坐 4 个和尚——1 个大和尚和 3 个小和尚，这样每个桌子上分的馒头就一样多，都是整数 4 个。"

"老师，我和他的想法是一样的，不过我还可以补充一个理由。题目说100 个和尚吃 100 个馒头，刚好每个人平均吃 1 个馒头，因此，我就想怎样坐就能使每个桌子上分得的馒头个数既是整数，又刚好平均每个人分得 1 个呢？由'小僧三个分一个，大僧三个更无争'我马上联想到，一个大和尚和三个小和尚坐到一起，不是刚好每个桌子上分得的馒头个数一样多，并且刚好是整数 4 个吗？"

老师握了握发言学生的手："谢谢你的精彩想法。现在，大小和尚各有多少个，同学们会做了吗?"

"会做了!"同学们异口同声。

教应用而不仅仅是教解题。通过这次教学经历，笔者再一次深刻领悟到：教学，只有联系学生思想或已有经验，才能跳出机械解题的怪圈，知其然还应知其所以然，数学题才能吸引学生。

辩

在

课

堂

是画龙点睛，还是多此一举

"解决问题的策略——转化"是六年级的一节教研课，课后有一个习题：1/2＋1/4＋1/8＋1/16，教学策略如下：

1. 学生自主探究，几乎所有学生都是按照通分的方法计算的。

2. 教师呈现一个正方形，依次画出这个正方形的1/2、1/4、1/8 和1/16，然后请学生观察，1/2＋1/4＋1/8＋1/16 表示哪一部分的面积，并回答如何计算这一部分的面积？大多数学生仍然选择先通分后相加，但也有学生用"单位1 减去空白部分"，用算式表示为"1－1/16"。（教师板书：转化）

3. 在算式后面依次增添加数 1/32，1/64……让学生快速口答其得数，并引导学生总结规律。

表面看来，上述教学似乎无不妥之处，师生情绪高涨，课堂气氛活跃，课时目标也基本达成。但细细反思，却又觉得存在纰漏。具体地说，包括以下几点。

第一，引出画图是自然反思发生的还是教师凭空呈现的？学生的学习应像呼吸一样自然。如果仅从教学效果看，教师的目的已经达到，对于"转化"的思想学生体验得很充分。但如果换一个角度思考，做计算时怎么会想到画图呢？

显然，教师有必要为学生创设情境，让他们自然地想到画图。不妨将此题改编成一道文字题：一块菜地，分别种韭菜、青菜、萝卜、菠菜，问一共种了这块地的几分之几？

改编后，只要教师稍作引导，当学生用通分的方法计算出结果后，教师如果继续增加数字，在学生感觉麻烦时，教师适时提醒其寻找其他计算方法。假设教师给每个学生提供一块地，让他们"种种"，试试看有没有什么新发现，进而顺利地引出画图。

第二，自主探索后的总结规律是画龙点睛还是多此一举？学生进行自主探索后，教师适时在算式后面依次增添数据 $1/32$，$1/64$……让学生快速口答，并引导学生总结规律，即最后一个分数是几分之一，得数就是一减几分之一。乍一看，似乎是提升了学生的感性经验，但这种提升是适宜的吗？

为了验证这个猜想，我随机抽取一个学生，任意写了一列分数：$1/3$、$1/6$、$1/12$、$1/24$，让其计算这一等商数列的和，学生迅速地写出了答案：$1/3+1/6+1/12+1/24=1-1/24=23/24$。

本想达到画龙点睛的效果，结果却弄巧成拙，望着学生自信的神色，我想起一句话：做一名懂数学的数学教师。事实上，将比值为 2 的几个等商分数从小到大依次相加，其规律并不是用 1 减去最小的那个分数，而是用最大分数的 2 倍减最小的数。如 $1/3+1/6+1/12+1/24$。只有当最大分数是 $1/2$，$1/2×2=1$ 时学生总结的规律才成立。

教师不应把这一没有普适价值的发现作为"规律"让学生掌握，长此以往，会增添学生记忆的负担。这就难怪有学者评价，我们的教育不是培养智慧的学生，而是将学生训练成盛装知识的容器。显然，这是不合宜的，至少不是高效的。

第三，教学是不是一定不能拓展？笔者认为，可以拓展，但应注意方向与角度。当学生觉得已经找到规律之后，教师不妨相机板书一列分数，如：$1/3$、$1/6$、$1/12$、$1/24$，让学生求和，大多数学生可能会毫不犹豫地写出 $1/3+1/6+1/12+1/24=1-1/24=23/24$。

然而，让学生通分计算后发现结果并不等于 $23/24$，而是 $5/8$。

教师应抓住这个机会对学生进行引导，启发学生思考这两道题在解题方法上的共同思路，教师引导得法，从而帮助学生找出两题解题方法上的共同点（如图 1 和图 2）。

同时，这一发现还可以推广到整数（如图 3）。无意中与教材中的另一道练习题产生了关联（如图 4）。

图1的计算：

$$\frac{1}{3}+\frac{1}{6}+\frac{1}{12}+\frac{1}{24}$$
$$=\frac{1}{3}+\frac{1}{6}+\frac{1}{12}+\frac{1}{24}+\frac{1}{24}-\frac{1}{24}$$
$$=\frac{1}{3}\times 2-\frac{1}{24}$$
$$=\frac{15}{24}$$
$$=\frac{5}{8}$$

图2的计算：

$$\frac{1}{2}+\frac{1}{4}+\frac{1}{8}+\frac{1}{16}$$
$$=\frac{1}{2}+\frac{1}{4}+\frac{1}{8}+\frac{1}{16}+\frac{1}{16}-\frac{1}{16}$$
$$=\frac{1}{2}\times 2-\frac{1}{16}$$
$$=\frac{15}{16}$$

图3的计算：

$$8+4+2+1$$
$$8+4+2+1+1-1$$
$$=8\times 2-1$$
$$=15$$

图1 　　　　　　　　图2 　　　　　　　　图3

练习十四

1. 有16支足球队参加比赛，比赛以单场淘汰制（即每场比赛淘汰1支球队，如下图）进行。数一数，一共要进行多少场比赛后才能产生冠军？如果不画图，有更简便的计算方法吗？如果有64支球队参加比赛，产生冠军要比赛多少场？

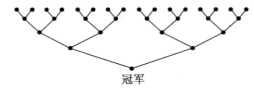

冠军

图4

此外，上面的知识点拓展，为学生多方面、多角度体验转化提供了可能。如当学生列出"1+2+4+8""1+2+4+8+16+32"等算式，并根据上面的规律直接写成"16-1""64-1"后，此时教师追问："16-1"和"64-1"为什么就刚好作为16支和64支球队单场循环制比赛产生冠军所需要比赛的场数呢？有没有其他的解释？进而将学生的思维从"一共要比赛多少场"转向"一共要淘汰多少支球队"。

正如有些学者指出的，数学应该以自身的魅力吸引学生，但这个魅力不是指神秘。相反，教师必须让教学是自然的，而非人为的、刻意的。只有这样，学生才能感受到，数学是能学习的，是可以接受的，进而他们才可能走进数学、亲近数学、喜欢数学。

是求"同"，还是应该比"异"

"解决问题的策略——替换"是苏教版课程标准实验教科书六年级上册第九单元的内容。当两个数量之间的关系由倍数关系变成相差关系后，将"倍数关系替换"和"相差关系替换"中总量的"不变"和"变"作为替换中的区别点加以比对，成为教师乃至教参让学生顺利掌握新知的突破点。笔者也不例外，第一次执教时也遵循了这一思路。具体过程如下。

在教学"两个数量具有相差关系"的替换教学时，笔者首先将原来的例题进行了改编。

原例题：小明把 720 毫升果汁倒入 6 个小杯和 2 个大杯，正好都倒满。小杯的容量是大杯的 1/3。小杯和大杯的容量各是多少毫升？

改编题：小明把 720 毫升果汁倒入 6 个小杯和 2 个大杯，正好都倒满。小杯的容量比大杯少 20 毫升。小杯和大杯的容量各是多少毫升？

（教学改编题）

师：现在还可以替换吗？

（生小组讨论）

生：不好替换。因为一个大杯不能正好换成几个小杯。

生：我们认为似乎可以替换，就是替换之后有可能装不下 720 毫升果汁。

生：我们也认为可以替换，不过替换之后也有可能不止装 720 毫升果汁。

师：是啊！表面上看好像不好替换，但是如果跟替换的结果一同考虑，说不定能有新的发现呢。请大家在练习纸上画图试一试，看能不能解决问题。不过在替换时，要特别注意，果汁的总量会有什么样的变化。

（生在画图尝试、列式计算、检验交流后明确：把大杯替换成小杯，果汁总量就变为 720－20×2＝680 毫升；把小杯替换成大杯，果汁总量就变为

辩在课堂

131

720＋6×20＝840 毫升）

（师板书）

师：这个题目与刚才的例题在做法上有什么不同？

生：替换的依据不同。例题中，两个数量是倍数关系；改编后的题中，两个数量是相差关系。

生：替换后的总量不同。例题中，替换后总量还是720毫升；改编后的题中，替换之后的总量发生了变化。

师：是啊！由于替换的依据不同，替换后的总量会不一样。如果我们观察替换前后杯子的个数，会有什么发现？

生：倍数关系的替换，替换之后杯子的总个数变了。

生：相差关系的替换，替换之后杯子的总个数没有变。

师：同学们观察得真仔细！数学就是这么奇妙！在变与不变中存在着内在的联系。

这堂课的课堂气氛比较活跃，教学过程也比较顺畅，但是，当作业交上来之后，结果却出乎我的意料，虽然课上曾做过精心比较，但这不仅没有帮助学生厘清思路，反而混淆了他们的思维，尤其是"后进生"，他们不知道什么时候应该变换总量，也不知道变换总量时，总量的调整是加还是减，以及加多少减多少。

为了寻找原因，笔者与学生交流，发现学生的苦恼是：当两个数量之间的关系变成相差关系，用一种对象来替换另一种对象时，既要考虑"具体的替换"，又要考虑"替换后的结果"，同时还需同步协调整理新的数量关系，同时做这三项工作对于他们来说有些困难。通过对字面的了解，学生心中已有了几个基本认识：第一，等量替换，只有相等的量才能相互替换；第二，总量不变，因为是相等的几个量在进行相互替换，因此替换过程不会导致总量的变化。

然而，并不是所有的比较都能厘清学生的思维。尤其是在前一知识点没有内化的前提下，立刻引入一个与它相近但又不同的知识点，并把它们的区别点加以凸显和比对，这不仅不能帮助学生洞察知识，反而很容易混淆学生的认识。上述教学正是陷入了这一误区，因此，教学能否另辟蹊径？

仔细研究教材发现，"相差关系替换"是作为"倍数关系替换"的习题出现的。既然是习题，而且是第一道习题，其本质应该是"同"，而"异"

是细流。那么，这两题在教学思路上能否做到求"同"，而不是比"异"呢？下面是第二次教学尝试。

（教学改编题）

师：现在还可以换吗？

生：不好替换。因为一个大杯不能正好换成几个小杯。

师：是啊，像前一道例题"正好换几个小杯"多好啊！将大杯全部换成小杯后，直接用720除以替换后小杯总的个数，就可得到一个小杯的容量，多简单呀。那这一道题怎么办？怎样替换？

（生思考）

师（启发）：替换的原则是等量不变，大杯替换成小杯怎样才能保持等量不变？

生：1个小杯加20毫升果汁后才相当于一个大杯。

师：这样替换后大杯的量变了没有？

生：没有。

师：那这个大杯呢？

生：也要换成一个小杯加20毫升果汁。

师：那么，左边相当于几个小杯和多少毫升？

生：8个小杯加（2×20）毫升。

师：右边呢？

生：仍然是720毫升。

（学生边讲述，教师边完成图示，见图1）

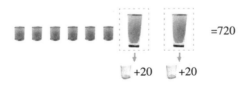

图1

师：用等量关系表示就是？

生：每个小杯的容量×8＋20×2＝720毫升。

师：想要求"每个小杯可装多少毫升"怎样计算？会做吗？

生：很容易，就像解方程。把每个小杯的容量看作未知数，依照方程一步一步地解就可以很快地求出结果。

生：也可以按照还原法的思路解。求每个小杯的容量，从结果出发，用720先减去20×2，再除以8，列式是（720－20×2）÷8。

师：刚才我们是把大杯换成小杯，那么能不能把小杯换成大杯？请大家在练习纸上画一画、试一试，看能否解决问题。

（生尝试和交流略）

师：比较这个题目与刚才那个例题的解法，你有没有什么想说的？

生：这两个例题不同，一个刚好能换成几个小杯，一个不能换成整数杯，还是调整，加或减几十毫升果汁。相对而言，第一种题型要简单。

生：我觉得这两道题实质是一样的，它们都遵循"6个小杯＋2个大杯＝720毫升"这一大的数量关系式，都是在这一大的数量关系式的基础上替换的，并且替换时都遵循一个共同的原则：总量不变，即右边不变。

思路简单，形式也不见得复杂，第二次尝试的亮点正在于此。由于牢牢抓住了两点：第一，相等的两个量才能互相替代；第二，替换后总量保持不变。因而，不仅使例题与习题在形式上达到了统一（如图2），并且都遵循"6小杯＋2大杯＝720毫升"这一总的数量关系式。

倍数关系　　　　　 2×3 小杯

↑

总关系式　　 6 小 杯 ＋ 2 大 杯 ＝ 720 毫升

↓

相差关系　　　 2 小杯＋2×20 毫升

图2

同时，在替换思路上也实现了一致：在不改变总的数量关系的前提下，都是将局部的一个量换成另一个量。这样，既减少了思维的跨越，又照顾了学生的学习经验。更重要的是，作为传统、艰深的奥数教学内容在某种程度上体现了"复杂的内容教得简单"这一教学境界。

小题大做，大题也要小做

在日常使用的教科书中，散落着许多未经雕琢、"平淡无奇"的素材，其中以习题最为典型。数学教师的一个重要使命，就是用独到的眼光，找出这些习题的内涵，挖掘其价值，小题大做，大题小做，发挥出隐藏在题目背后的精华。下面，以一位教师对苏教版教科书六年级下册一道题（如下图）的处理来谈谈笔者的体会。

2. 下面哪个杯里的饮料最多？

事实上，如果直接呈现这道题，让学生直接写出答案，那么就会简化成为对公式的机械套用。但如果遵循"立足基础、着眼发展"的理念，就会挖掘出具有更深意义的价值。下面是一位教师的尝试。

问题1：估一估，哪杯饮料多一些？

师：只许你看一眼，你觉得哪个杯子的饮料最多？

生：第三杯。

师：为什么？

生：第三杯内的饮料比第二杯和第一杯的饮料高得多，所以我觉得第三杯饮料最多。

师：有没有不同意见？

（大部分学生选择第三杯，少数几个学生选择第二杯）

师：要想知道自己的直觉准不准，怎么办？

生：算一算，哪一个数最后的结果大就是哪一杯里的饮料多。

问题2：算一算，你的估计准不准？

（学生用计算器计算，略）

师：结果出来了没有？

生：第一杯的饮料是200.96毫升，第二杯的是197.82毫升，第三杯的是196.25毫升，所以第一杯里的饮料最多。

师：为什么第三杯内的饮料最高，数量反而最少？

生：因为杯子里饮料的多少不仅和饮料的高度有关，而且和杯子的半径有关。根据圆柱的体积公式 $V = \pi r^2 h$，可以知道，在计算圆柱体的体积时高只算了一次，而半径连乘了2次，所以杯子的底面直径大的那个更占优势。

师：是这样的吗？

（生点头略）

问题3：如果不允许你用计算器，你能很快算出哪个杯里饮料多一些吗？

师：同学们都很了不起，非常聪明。老师还想挑战挑战同学们，如果不允许你们用计算器，你们能很快算出哪个杯子里面饮料多一些吗？

（生沉思，有学生举起了手，教师按住跃跃欲试的学生）

师（点拨）：你们觉得计算麻烦，主要是哪里麻烦？

生：一个非整十、整百的数与3.14相乘时计算起来非常麻烦。

（师微笑不语，慢慢地举手的人多了起来）

生：我有一个想法，这道题只是要我们比较哪一杯饮料最多，并没有要求我们求出每杯饮料的体积。而计算饮料的体积都要乘 π，既然都乘 π 那么也可以都暂时不乘 π，这样只需比较 $r^2 h$ 的大小，就可以知道哪个杯里的饮料多，哪个杯里的饮料少了。

师：××同学说的意思老师不太明白，谁能帮老师解释一下？

生：××同学实质上是利用了不等式的一个性质，即几个数如果同时乘以或除以相同的一个数（0除外），大的那个数得到的结果仍然大。

师：哦，这样，老师明白了。还有没有人不明白（全班摇头）？还有没有不同的想法？

生：我有一个想法，不知道对不对？我觉得不必把 π 换成3.14，可以把 π 直接带到算式中进行运算。第一杯饮料的体积是 $V = \pi \times (8 \div 2)^2 \times 4 = 64\pi$；

第二杯饮料的体积是 $V=\pi\times(6\div2)^2\times7=63\pi$；第三杯饮料的体积 $V=\pi\times(5\div2)^2\times10=62.5\pi$；这样少了3.14和其他数相乘，即使用口算也能知道哪一杯饮料最多。

师：同学们觉得这个方法怎么样？

生：我觉得很好，感觉比第一种方法更容易理解。

师：两种方法各有各的优势。不过，不急着把π换成3.14，让π直接参与运算，这是初中必须要掌握的式的运算，到了初中我们会经常接触到。同学们在以后的学习中不妨多尝试着使用。

"小题大做"的道理在上述案例中体现得尤为突出。针对这一习题，教师没有以题论题，而是立足基础，着眼发展，将原本单一的问题分解成几个层次，由浅入深，层层递进。具体地说，第二个问题既是对第一个问题答案的检验，更重要的也是对圆柱体体积公式的深入考量——之所以不对，为什么不对。在追根究底的过程中，学生会明白圆柱体的体积既与它的高有关，更与它的半径（或直径）有关。知其然并知其所以然，学生思维的着力点不再局限于对公式的简单运用，而是达到了更高的层面，开始关注影响体积的各个变量之间的关系。

更重要的是，众所周知"式的运算"是初中数学学习的重要内容，是代数学习的基础。从数到式是学生数学学习的重要转折点，更是学生数学学习上第一次质的飞跃。但是小学高年级甚至是已经进入初中的学生，仍有部分对学习从数到式的飞跃没有做好准备。他们一方面感到好奇，另一方面又难于理解。一方面是因为小学高年级乃至已经进入初中的学生的具体形象思维仍占主导，另一方面也与生活中很少接触"式"，很少有机会体验"式"的优越性有关。

难能可贵的是，案例中的教师意识到了这一点，小题大做，大题也在小做！"不用计算器很快地比较哪杯饮料多"这一要求看似突兀，实则巧妙地将"式的运算"这一大的命题镶嵌到了具体的题目之中。而且，由于有前面几个问题做铺垫，学生在相互对比中互为论证，为体验"式"的优越性积累了宝贵的经验。

老师有什么，并不代表老师是什么

"三角形是由三条线段组成的图形，围成三角形的三条线段必须首尾相连。"学生对三角形的这一概念非常熟悉，但是面对下面这道题："下面三条线段围成的图形是三角形吗？"（如下图）还是有很多学生判断它是三角形。

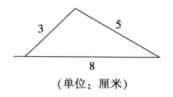

（单位：厘米）

为什么学生清楚三角形的概念，但仍然认为由长度分别为3厘米、5厘米、8厘米的三条线段围成的图形是三角形呢？要回答这个问题，首先应回顾一下学生的数学知识背景。生活中的三角形很少以单独的几何形态出现在学生面前，更多时候它是作为现实物体中的一部分出现的。因此，在认识三角形这一单元的刚开始，教师让学生回忆在生活中哪些地方见过三角形时，学生举例说屋檐的侧面、自行车的三脚架、小红旗……教师或默默赞许，或大加肯定，这都给学生一种错觉：只要一个图形中含有三角形，它就是三角形。所以，虽然后来教师反复强调三角形的概念和特征，但在学生的经验和意识里，他们理所当然地认为上述由3厘米、5厘米、8厘米长的三条线段围成的图形是三角形。

如何消除生活经验给学生思维带来的消极影响呢？仔细分析学生的思维，不难发现，他们犯了逻辑推理的错误：即一个物体有什么，这个物体就是什么，显然，这是不科学的。因此，教师可以以这种认识上的错误为突破口开展教学。如当学生认为由3、5、8厘米长的三条线段围成的图形是三角形时，教师可随意举起一只手，问学生是什么，学生回答："手。"师继续问："老师有一只手，那么老师就是一只手，同学们同意吗？"当然，所有的学生都会选择否定的答案。

"为什么不同意呢？"

"手只是身体的一部分，人除了手，还有其他的器官，所以手不能代表人的全部。"

"老师有什么，并不代表老师是什么。比如说，老师有钱，并不代表老师是钱。"

那么，这个图形究竟是不是三角形呢？相信经过"老师是手"的幽默式教学，有了"老师是钱"的夸张表述，同学们能清晰地感知：这个图形虽然含有三角形，但绝不能说这个图形就是三角形。

辩
在
课
堂

也谈"四则混合运算的要求"是否完备

在四则混合运算中，经常遇到除法除不尽的情况。因此，教材明确指出，"在四则混合运算中，遇到除法的商的小数位数较多或出现循环小数时，一般保留两位小数，再进行运算"。数学老师一般通俗地把这一规定称为"四则混合运算的要求"（以下简称为"要求"）。

但是，对于这一"要求"，部分教师有异议，认为"要求"不够明确，不够完善，应该补充"除到商的小数点后面第三位，如果恰好除尽，就取商的准确值"，并举例：某人民医院需要一批三角巾（如图1），现在有一块长18米、宽0.9米的白布，求可以做多少块三角巾？

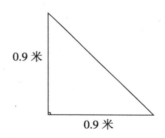

0.9 米

0.9 米

图1

按照"要求"，计算应该为

$$(18 \times 0.9) \div (0.9 \times 0.9 \div 2)$$

$$= 16.2 \div 0.405$$

$$\approx 16.2 \div 0.41$$

$$\approx 39.51219$$

$$\approx 39.51$$

$$\approx 39（块）$$

而实际操作（如图2），将这块长18米的白布剪成0.9米长的小段，可剪 $18 \div 0.9 = 20$ 段，而每小段是边长为0.9米的正方形，恰好又可以剪成两块腰长为 0.9 米的等腰直角三角形，因此一共可以做 20×2＝40 块三角巾。

图 2

是理论计算与实际操作之间出现了矛盾吗？因为"要求"说得很清楚，遇到除法的商的位数较多或出现循环小数时，一般保留两位小数。既然有"一般"，就存在"特殊"。16.2 是 0.405 的整数倍，除起来十分简便，又何必舍易就难，取 0.405 的近似值呢？因此，理论计算的结果与实际操作的结果出现了不一致，可能不是"要求"之过，而是教师不知"变通"的原因。

退一步说，即使"要求"不够明确，不够完善，那么补充说明"除到商的小数点后面第三位，如果恰好除尽，就取商的准确值"就明确、完善了吗？

如：$10\,000×(0.81÷20)$，由于 $0.81÷20＝0.040\,5$，商到第三位并没有除尽，是不是应该取 0.040 5 的近似值呢？如果不取，是不是要补充一句"除到商的小数点后面第四位，如果恰好除尽，就取商的准确值"呢？果真如此，或许就要不断补充到第五位、第六位、第七位……失去准确、简练的特征。

此时，教学对教师和学生提出了更高的要求和更大的挑战：审时度势，具体问题具体分析。能运用运算定律的，就尽量运用运算定律使计算简化；能整除的，就尽量不取近似值……当然，开始时学生可能会碰壁，但培养学生"具体问题具体分析"的学习方法不正是我们造就新世纪人才所努力追求的吗？让学生在学习过程中遭受一些挫折不正是造就其灵活性所必需的吗？

悟 在 课 堂

　　教学有法，但无定法，贵在得法。今天，我们的教育并不缺乏践行者，我们缺乏的是向更高境界"加速"的追求者。教学活动无止境，怎样创造"以较小的投入获得较高的教学功效"的方法，是名师高人一筹之处。事实上，教学没有捷径，"熟生巧，巧生华"。在教学过程中，或许会取得成功，或许会失败，但只要认真钻研教材、挖掘教材、热爱学生，苦心寻求激发学生兴趣的手段，教学自然会产生趣味性，达到教学的理想境界。

学科视野，儿童基点

有时，数学教学就是把"学术形态的数学"转化为"教育形态的数学"，其核心环节是对教材的研读与处理。有学者曾指出，教师要创造性地研读与处理教材，教师自己首先应成为一部书，一部生动、丰富和深刻的教科书。这不仅是外界赋予教师的权利，也是教师教学生活的内在追求。教师如何成为一部生动、丰富和深刻的教科书呢？笔者以为，教师应兼具两种视野：学科视野和儿童视野。下面以"两位数乘两位数"的教学为例谈谈笔者的体会。

案例："两位数乘两位数"（北师大版课程标准实验教科书三年级下册）。

片段回放：

（CAI课件呈现主题图）

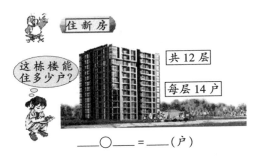

师：从图中你发现了哪些信息？

生：这栋楼房一共有12层，每层可住14户，求这栋楼共能住多少户？

师：要求这栋楼房一共能住多少户怎样列式？

生：14×12 或者 12×14。

师：14×12，是两位数乘两位数（板书课题：两位数乘两位数），以前我们没有学过。两位数乘两位数怎样计算呢？同学们可以自行探索，也可借助老师提供的点子图（如图 1），研究一下可以怎样计算 14×12。

图1

（生自行探究，3 分钟后教师组织学生交流）

生：老师，我采用的是拆数的方法。我将楼房从中间分开（如图 2），这样左边有 12 层，每层 7 户，列算式是 12×7，因为右边也有 12×7 户，所以一共是 12×7×2＝168 户。

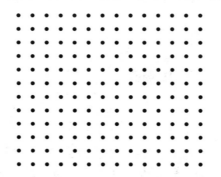

图2

生：老师，我用的也是拆数的方法，不过我拆的方法和他的不同。我是将点子图这样分成两份（如图 3），每一份有 6 层，每层 14 户，有 2 份，用递等式计算是 12×14＝6×14×2＝84×2＝168 户。

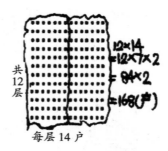

图3

生：老师，我是拆的4份（如图4），每一份有3层，每层14户，一共有$14×12=14×3×4=42×4=168$户。

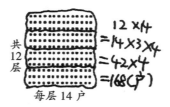

共12层
每层14户

图4

生：其实可以把12拆成10和2，这样要求的户数可以分作两部分（如图5），上面一部分是$14×10=140$户，下面有$14×2=28$户，一共是$140+28=168$户。我觉得这样计算简单一些，因为任何一个数乘10只要直接在这个数后面添上一个0就够了。

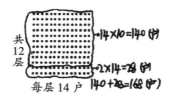

共12层
每层14户

图5

师：刚才这个同学阐述了一个观点，是什么呢？

生：他说将12拆成10和2比其他的拆法简单。

师：那你们同不同意？

生：我不同意，我觉得将12拆成2和6或者3和4也挺简单。

生：再简单也没有$14×10+14×2$简单啊！$14×10$可以直接在14后面添0，这样就只要计算一个算式：$14×2$，而拆成其他任何两个数都要分别计算两道算式。

生：我也觉得将14拆成一个整十数和一个一位数简单，我补充一个理由，就是这样拆更普遍，比如说13，你就不好拆成两个数的乘积。

师：这个同学的意思，同学们明白吗？

生：他的意思是说所有的两位数都能拆成一个整十数和一个一位数，但不是所有的两位数都能拆成两个10以内的数相乘。

（有部分同学接受了"拆成整十数和一个一位数"的算法，但有些学生

147

仍然坚持自己的观点)

师：有些同学可能仍然坚持自己的观点，没关系，我们再慢慢来体会。刚才老师在巡视的时候，还发现一种算法（出示图6），大家见过这种算法吗？

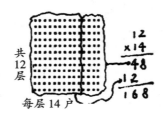

共12层

每层14户

图6

生：我知道，我爸爸告诉过我，这是列竖式计算。

生：我也知道是列竖式计算，不过我是昨天预习教材时看到的。

师：同学们很聪明，不过老师有一些不明白（指图6中右边圈的部分），他为什么把这一部分指向48？

生：这个圈表示每层4户，一共12层，48也就是竖式中第一个因数12和第二个因数个位数字4的乘积。

师：左边这个圈呢？他的箭头为什么这样指？

生：左边这个圈表示左边一共有多少户，而竖式计算中的12表示的就是左边这个圈一共有多少户。

师：左边这部分每层10户，一共12层，一共应该有 $12 \times 10 = 120$ 户，可是竖式中怎么写的是12呢？

生：因为1在这里表示1个十，12乘1个十表示12个十，计数单位是十，所以 12×1 的积末位数字应该落在十位上。

师：是这样吗？那同学们你们能不能在图中圈出 12×4 和 12×1 表示的部分？

（学生圈图，展示略）

"两位数乘两位数"是一节熟悉得不能再熟悉的计算课，但是案例中的教师却别具匠心，挖掘出教学的不同。究其原因，笔者认为，最关键的在于教师不仅站在成人的高度，厘清了知识"是什么"，同时也站在儿童的角度进行思考，选准了适合儿童接受的角度。具体包括以下几点。

1. 学科视野。不居高不能临下，不深入不能浅出。因此，教师在研读教材时首先应站在成人的高度，厘清知识是什么，尤其是知识的背景和知识背后蕴藏的思想方法。具体到"两位数乘两位数"，学生在接触"两位数乘两位数"之前，已经有了"两位数乘整十数"和"两位数乘一位数"竖式计算的基础，但这是否就意味着学生就能自发地建构"两位数乘两位数"的竖式计算呢？

在回答这个问题之前，不妨先来看看教材的主题图（如图7），教材对计算"两位数乘两位数"提供了三种方法：①14×10＝140，14×2＝28，140＋28＝168；②12×10＝120，12×4＝48，120＋48＝168；③竖式。仔细观察这三种算法，都用到了"拆分"。但为什么拆分？怎么会想到拆分？学生真的理解拆分的意义与价值吗？尤其是，如果没有提前预习，学生能自然地想到将12拆分成10和2，而不是其他的任意两个数吗？还有，为什么只拆其中一个因数而不是将两个因数同时都拆分呢？

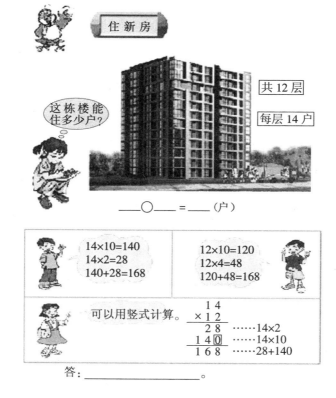

图 7

悟 在 课 堂

经过追问，就能明白"两位数乘两位数"竖式计算的内涵，即"两位数乘两位数"并不是"两位数乘一位数"和"两位数乘两位数"竖式计算的简单叠加，拆分才是两位数乘两位数竖式计算的前提。与此相照应，在以往的学习和生活经验中，学生没有接触过拆分，"新知"与"经历""体验"出现了断层，正是在这样的挖掘中，显露了学生隐秘的学情，厘清教学努力和重构的方向。

2. 儿童基点。站在儿童的角度想一想，选准适合儿童接受的角度。儿童是教育过程的主体，教材解读只有转化为学生能接受的教学实践才有意义。厘清知识的内涵后，教师应换位思考，站在儿童的角度想一想，创造学生能接受的教学实践。具体到本课，"两位数乘两位数"的授课重点虽然是竖式计算，但拆分才是竖式计算的基石。那么，如何让学生自然地想到拆分，尤其是，如何让学生体验到"将其中一个因数拆分成整十数和一个小于 10 的自然数"的必要性呢？案例中的教师做了很好的尝试。在创设情境抽象出算式后，教师别具匠心地为学生提供了一张"点子图"，要求学生"利用点子图，在上面画一画，找到计算 14×12、12×14 的方法，并将思考过程写在纸上"。

然后，教师组织学生交流。相互交流中，学生理解了虽然各种拆法都能解决问题，但将且只将其中一个因数拆成整十数和另一个自然数是最简捷、最方便、最自然的算法，也是大家普遍采用的算法。

正如有些学者指出的，数学应该以自身的魅力吸引学生。不过这个魅力不是指神秘，相反，作为教师，应让学生相信数学是自然而非人为的、突兀的。这就要求数学教师在研读教材时始终秉持学科视野和儿童基点的理念，以成人的视角，厘清知识是什么；用儿童本位的视角，选准儿童能接受的角度。只有把二者结合起来，数学教学才能既不失严谨，又不失趣味，才能在对儿童精神的张扬中永葆数学味。

推敲：为了真实地对话

"教室是师生生命活动的场所"，"课堂是师生生命活动中一段重要的经历"。从这一理念出发，课堂教学应由传统的"特殊认识论"提升到生命的高度，在这一过程中教师已经不再是"权威"，学生也不再是"容器"，而是彼此之间进行的平等、真诚的交流。因此，有学者指出，教育的本质是对话，而对话的核心是真实。关于"用字母表示数"的一次磨课经历加深了笔者的这种感受。

第一次执教：

（在用扑克牌引出"字母可表示数"的基础上，教师引导学生猜教师的年龄）

师：同学们，下面我们来做一个调查。你今年几岁了？

生：我11岁。

师：你呢，多少岁了？

生：我也11岁。

师：11岁的同学请举手……看来我们班大部分同学都是11岁。

（板书：同学的年龄11）

师：同学们，刘老师教你们好几年了，你们知道老师今年多大吗（板书：老师的年龄）？猜猜看。

（请几名学生猜一猜后，CAI课件出示"老师比同学大19岁"）

师：现在知道老师多大了吗？怎么计算出来的？

（生回答后教师相机板书：$11+19=30$）

师：看来只要知道了你们的年龄，根据老师比你们大19岁这一关系就能算出老师的年龄了。你们已经知道老师现在的年龄了，还想知道其他时候老师的年龄吗？下面让我们进入时空隧道，同学们可以回忆从前，也可以展望未来，请推算一下，当你多大的时候，老师又是多大。把你的想法

写下来，在小组内交流一下。

（学生分组汇报，师板书）

	同学的年龄	老师的年龄
小学毕业	12	12＋19
上一年级	6	6＋19
初中毕业	15	15＋19
大学毕业	23	23＋19
⋮	⋮	⋮

师：想说的同学还有很多，如果老师把每个人的想法都写出来，有什么感觉？

生：太麻烦。

生：写不完。

师：能不能想个办法，用一个式子概括所有同学的想法，表示出老师在任意一年的年龄呢？

教育的本质是对话，而对话的核心是真实。仅观上述案例，这段对话真实吗？学生 11 岁，老师比学生大 19 岁，老师 30 岁，学生已经知道了教师的年龄，还有兴趣继续研究吗？年龄是确定唯一的，却要求学生用不确定的字母表示确定的年龄，自然吗？学生知道了教师的年龄，还正襟危坐地就年龄问题与教师展开一系列的交流，这究竟是学生的主观意愿还是被动的结果……看似随意实则发人深省的这几句话引起了我的思考。上述教学应怎样改进？如何才能让学生在真实的对话中自然地感受"用字母表示数"的必要性与意义？下面是思考后的再一次尝试。

第二次执教：

（课前谈话略）

师：同学们好，请坐。（出示扑克牌）瞧，老师给大家带来了什么？这节课老师就用这些扑克牌来表示你们的年龄（抽出黑桃8），这张表示 8 岁，（出示黑桃 9）这张呢？

生：9 岁。

师：（出示黑桃 10）这张呢？

生：10 岁。

师：（出示黑桃 J）这张呢？

生：11 岁。

师：用字母 J 表示 11。（出示黑桃 Q）这张呢？

生：12 岁。

师：用字母 Q 表示 12。你们的年龄都在 8～12 这个范围，幸福快乐的童年生活真让老师羡慕啊！下面我想请一位同学选出代表你年龄的那张牌。（生举手）请你来吧。你好，请问你叫什么名字？

生：我叫黄嘉颖。

师：哦，我可以叫你小颖吗？（生笑，师在黑板上板书：小颖）小颖请到这里来。好，我先把牌打乱。（面对小颖）请你选一张牌，是属于你年龄的那张牌。

（生选一张牌，师把它反扣在桌面上）

师：谢谢你，小颖，请回座位。我把牌反扣在这里，这张牌就表示小颖的年龄。小颖的年龄有了，同学们还想知道老师的年龄吗？

生：想。

师：我先请同学们猜一猜老师的年龄。

（生猜结果略）

师：究竟有没有同学猜对呢？我先不告诉你们。我给大家透露一个信息（师板书：老师比小颖大 20 岁）。新的信息出来了，同学们对老师的年龄又有了不同的猜测。老师的年龄究竟是多少呢？不用急，请大家跟着老师穿越时空！嗖——回到过去，回到了当小颖还是 1 岁的时候，那个时候老师几岁呢？

师：谁来回答？

生：21 岁，20＋1＝21 岁。

师：或者 1＋20＝21 岁行吗？（板书：1＋20＝21 岁）当小颖 2 岁的时候老师几岁？

生：22 岁，2＋20＝22 岁。

师：（板书：2＋20＝22 岁）当小颖 3 岁的时候，老师多少岁？全班一起说吧。

生：23 岁，3＋20＝23 岁。

师：谁能接着往下说，当小颖几岁时，老师几岁。

生：当小颖 4 岁的时候老师 24 岁。

师：往下说。

生：当小颖 5 岁的时候老师 25 岁。

师：继续。

……

师：嗯，说着说着他自己都觉得这样说下去有点麻烦，请坐下。如果这样说下去，到课结束的时候，老师年龄的问题还没写完，怎么办呢？

生：在下面加一个省略号。

师：（板书：……）同学们，小颖在不断地长大，小颖每增加 1 岁，老师也随着……

生：增加 1 岁。

师：小颖的年龄和老师的年龄在不断地……

生：变化。

师：可是有一个数始终没变，是什么？

生：年龄差始终没变。

师：老师比小颖大 20 岁，这个年龄差始终不变（把 20 加上着重符号）。

师：数学有时就是研究千变万化中变与不变的规律。同学们，你们再看，这里的每一个式子，只能表示每一年老师的年龄，刚才我们都觉得太麻烦了。（CAI 课件出示：你们已经学习过用字母表示数，那么能用一个式子简明地表明任何一年老师的年龄吗）

（生思考）

师：谁来说说怎样表示？

生：小颖的岁数不知道，可以用未知数 x 来表示。老师比小颖大 20 岁，所以老师的年龄可用 $x+20$ 表示。

师：小颖的年龄在不断变化，就用一个字母 x 来表示，然后用 $x+20$ 这一个含有字母的式子表示老师任何一年的年龄。你们觉得他这样表示好不好？

生：好。

师：好在哪里？谁来说说？

生：比较方便。

生：一个含有字母的式子就概括了所有的情况。

师：一个式子就概括了所有的情况，的确很简便。那还可以用其他的字母来表示吗？

生：可以。

师：谁来说一说？

生：把小颖的年龄用 n 表示，那老师的年龄就是 $n+20$。

师：可以，请坐下。同学们，刚才两个同学用一个简便的式子就解决了复杂的问题，这就是今天这节课要学习的内容（板书课题：用含有字母的式子来表示数量），大家来读一读（生读略）。那么请看，x 表示谁的年龄？

生：小颖。

师：$x+20$ 表示谁的年龄？

生：老师。

师：这个 $x+20$ 除了表示老师的年龄，还能反映出什么信息？

生：小颖比老师小 20 岁。

师：或者……

生：老师比小颖大 20 岁。

师：对了，既然这样，要是知道 x 是多少，是不是可以直接求出老师的年龄呢？（生答略）（揭开表示小颖年龄的那张牌，是黑桃 10）这张牌表示谁的年龄？

生：小颖。

师：请问现在这个 x 表示多少？

生：10。

师：那么当 $x=10$ 的时候，$x+20$ 等于多少？

生：30。

师：怎样计算的？

生：$10+20=30$。

师（边板书边讲解）：也就是说你是把 10 代入 $x+20$ 进行计算的（板书：$x+20=10+20=30$）。

推敲，为了真实地对话。显然，与第一次执教相比，第二次执教虽然素材没有改变，环节也大体相同，但是给人的感觉却大不一样。笔者认为原因在于对细节的推敲与处理上，这在对学生年龄这一资源的挖掘和处理上表现得尤为突出。具体地说，第一次执教中，教师确定学生的年龄时带有一定的倾向性，通过几句问答，教师就确定学生的年龄是 11 岁。显然，教师是将班上同一年龄占多数的作为全班同学的年龄，虽然展示了教师的机智和数学意识，但不可否认的是上述教学明显带有"斧凿"的痕迹，而且不可避免的是，其他年龄的小孩或多或少受到了忽视。但在第二次执教时，正是由于全班学生的年龄不相同，所以请小颖抽出表示自己年龄的扑克牌并反扣在桌面上，不仅自然，而且给教学增添了神秘的色彩，无形中提升了学生的兴趣。同时，由于不知道小颖抽的是哪张扑克牌，因此无法确定她的年龄。因此教师的年龄仍然不能确定。好奇是学生的天性，"老师究竟多少岁呢?"这一问题推动学生由浅入深地开展研究。不仅如此，最重要的是，小颖的年龄是未知的，这符合学生已有的知识基础与思维：确定的数用具体的数表示，不确定的用未知数 x 表示。而后者较有利于学生迁移：x 是一个字母，既然能用 x 表示，自然也能用其他字母表示，这样引出字母就变得自然。字母 x 既可能是板书中还没有出现的数（不确定的数），也可能是前面同学们提到的任一具体的数，这样学生就能深刻地体会到用字母表示数的简洁性和概括性。因而，也就落实了让学生体验用字母表示数的必要性和意义这一教学目标。

教育，智力的冲刺与挑战

学习是同新的世界"相遇"与"对话"，是师生基于对话的冲刺与挑战。唯有具有冲刺与挑战性的学习，才是润泽儿童心田的学习，才是教室里教师循循善诱的学习。这种润泽性和缜密性正是培养儿童个性的关键要素。下面，以"找规律"（苏教版课程标准实验教科书五年级）的教学谈谈笔者在这一方面的体会。

片段回放：

（课前游戏：测量人的心理年龄的游戏）

师：游戏好玩儿吗？还想接着玩儿吗？

生：想。

师：好。下面这个游戏，考的同样是同学们的记忆能力，但是测量的却不是同学们大脑的实际年龄。想试一试吗（伴随着老师的讲述，CAI课件呈现动态的"瞬间记忆"文字）？等一会儿，屏幕上有一幅图，同学们有10秒钟的时间观察这幅图，然后回答老师的问题。

（CAI课件呈现彩图如图1，同时屏幕的右上方显示时间倒计时）

图1

（图片消失，学生等待教师提问）

师：请在信封中取出1号工作纸（如图2），在图中涂上颜色，比一比，谁能涂得和刚才完全一样？

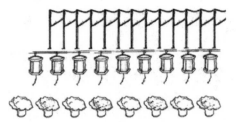

图2

（1分20秒后，没有一个学生能够完全准确地记录下颜色）

师：同学们有什么话要说吗？

生：时间太短了，没记住。

生：我不是因为时间太短，而是因为我刚才只注意记有哪些物体，没有观察这些物体的颜色。

生：是，要观察的东西太多了，没记住。

师：要是再给你看一次，你能涂得一模一样吗？

生：能！

师：真的？好，我们再来试一次。不过，这一次时间只有5秒钟。

（CAI课件再次呈现图1，同时屏幕的右上方出现5秒倒计时）

师：觉得能涂得一样的同学请拿出2号工作纸，开始涂色。

（学生涂色，教师巡视，寻找典型涂法，1分钟后，组织学生交流）

师：好，时间到了，老师迫不及待地想欣赏同学们的作品了，哪一个小组上去展示一下？

（生争先恐后地举手，教师请一名学生到展示平台上展示，生展示，果然和原图一样，同学们鼓掌表示鼓励）

师：说一下你是怎样涂的。

生：我发现彩旗的排列是有规律的：彩旗是按照两面红旗、两面黄旗、两面红旗、两面黄旗……的规律排列的，因此我画的时候先涂两面红旗，再涂两面黄旗，接着涂两面红旗，两面黄旗……这样涂下去，很顺利就涂完了。

师：花盆和灯笼呢？

生：花盆是按照绿、红、绿、红……的规律涂的，灯笼是按照红、紫、绿、红、紫、绿……的规律涂的。

师：和他涂的方法一样的同学请举手。有很多同学没有举手，是不是有不同的想法？

生：老师，我找到的规律和他一样。不过，我涂的方法有点不同。比如说彩旗，我发现，彩旗从第一个开始，每四个都相同，所以我是按照四个一组、四个一组来涂的。

师：听懂这个同学的意思没有？这个同学说彩旗从第一个开始，每四个都相同，怎么就每四个都相同呢？

生：从第一面红旗开始，两面红旗两面黄旗看作一组，一组一组地重复涂。

（随着学生的讲述，教师将学生的作品画上圆圈）

师：那你为什么不把"1红2黄1红"看成一组（教师边质疑，边用另一种彩色在学生的作品上画上圆圈），把这几个看作一组，后面的也完全相同啊，也是"1红2黄1红"重复出现啊。

生：老师，这样第一面旗帜就空出来了。

师：（再选一种彩笔将"2红2黄2红2黄"8个圈为一组）那为什么不把八个看作一组呢？

生：八个看作一组也可以，不过这样不好记，4个看作一组更好记一些。

师：什么叫更好记呢？请解释解释。

生：像这样有规律的排列关键是要记一个组（边比划边讲解），这样画有八个图形，这样画只有四个图形，显然，四个图形记忆量小一些。

师：好，请坐！我们梳理一下。这位同学刚才说了两点。第一，分组要尽量从第一个图形开始。第二，所分组可大可小时，尽量小，他说这样好记，这确实是一个好处，其实组小还有其他好处，等一会儿我们就能体会到。按照他说的两点，你们猜猜这个同学的花盆是几个一组涂的？灯笼呢？谁上来圈一圈？

（生圈略）

师：还有没有不同的想法？

生：我觉得他们这样涂比较麻烦，要不停地换彩笔。我的涂法比较简单，比如说彩旗，我先涂两个红旗，空两格，再涂两个红旗，再空两格

……这样把红旗涂完，再涂蓝旗。

师：可以吗？

生：可以。

师：说说理由。

生：根据刚才发现的规律，彩旗空两个就相同，所以我可以先把红旗涂完，再涂蓝旗。

师：能不能先把蓝旗涂完？

生：也能。四个一组，每组的第三面、第四面旗帜都是蓝色。

师：明白了吗？根据××同学的发现，（指灯笼）每组第二个应涂什么颜色？第三个呢？

（生答略）

师：刚才的交流中，你有什么收获？

生：观察时要有目标，还要学会找规律，这样才能又快又准确地记住观察的事物。

生：找到了规律后，再运用规律，可以节省时间和精力。

教育是智慧的存在。2012 年 4 月，工作室部分成员到四川北川永昌小学送教。由于是异地借班上课，且使用不同版本的教材上"找规律"这一节课，缺少教材是教师首先面对的学情。怎么把教材提供给学生？面对这一情况，教师普遍将教材主题图制成 PPT，上课直接播放，让学生观察并寻找规律。这样处理可以解决"没有教材"的难题，但是多年的教学实践表明，平铺直叙的导入很难真正吸引学生，更难让所有学生都真正参与到学习中。

有鉴于此，课一开始，教师就别具匠心地创设了一个游戏情境，在游戏中锻炼学生观察和记忆的能力，不仅调动了学生的学习积极性和探求知识的欲望，同时，也解决了"没有教材的难题"！

智慧课堂不仅应该是好玩儿的，同时也应该是有意义的。反观上述环节，不仅创设了游戏的场景，更重要的是，它为学生感知和领悟教学重、难点做了必要的铺垫。本节课研究的是"周期问题"，重复、组（或者叫周期）、不同组的同一位置属性相同是周期问题的三个核心知识点，这三个核心知识点都在学生的涂色方法中得到了体现。正如案例中所呈现的，学生涂色主要有三种方法，具体地说，方法一对应的是"重复"；方法二涉及

"组"；而方法三则隐含了"不同组的同一位置属性相同"这一最关键的知识点。教师对这三种方法，或重复，或追问，不仅使学生的独特想法被放大、凸显，更重要的是，有了这些感性方法的支撑，"重复""组（或者叫周期）""不同组的同一位置属性相同"这些知识就不再抽象、呆板，反而变得具体、形象、亲切。它是学生自身经历的一种反馈。从而，生活经验和教学重、难点之间自然地实现了沟通。

每一个儿童的思考与挫折都应当被视为精彩的表现。倾听儿童的困惑与沉默，串联每一个学生的发现与创意，进而使得微妙的差异得以碰撞，这不仅是课堂教学的立足点，也是实现"灵动的""高雅的""美丽的"学习最根本的保障。

教学，贴着学生的思维前行

分数不仅可以表示部分与整体、一个物体与另一个物体的关系（分率），还可以表示一个具体的数量。但在生活中，很少用分数来表示物体的数量，教过高年级的教师都知道，分数是作为部分与整体的一种关系而进入学生视野的。这就给学生一种错觉，只要一看到分数，就下意识地将分数理解为分率。为了改变这一种误解，很多老师想了很多办法，甚至让学生背诵规律：分数后面有单位，表示数量；分数后面没单位，表示分率，但效果仍不理想。究其原因是抽象化的记忆没有真正走进学生尤其是"后进生"的心里，一遇到实际问题，学生尤其是"后进生"就迷糊了。因此，如何让教学贴近学生的思维，如何让学生深入浅出地理解分数的"分率"与"数量"这两种属性之间的差别就成了高年级教师的一个既头疼又不得不面对的难题。参加一位教师的推门课，其朴实而独特的教学方法让人眼前一亮，辑录如下，与各位老师分享。

片段回放：

（CAI 课件出示图 1）

一批饮料有 $6\frac{1}{2}$ 盒，喝了 $\frac{1}{2}$ 盒后，还剩多少盒？

一批饮料有 $6\frac{1}{2}$ 盒，喝掉 $\frac{1}{2}$ 后，还剩多少盒？

图 1

师：读一读图 1，你有什么发现？

生：我发现这两道题的数字完全相同。

生：我发现饮料原来的数量相同，所求的问题也相同，都是求还剩下多少盒饮料。

师：有什么区别？

生：一个有单位，一个没有单位。

生：一个直接告诉我们喝了多少盒饮料，一个没有直接告诉我们。

师：有单位表示什么意思，没有单位表示什么意思？谁能画一画图，把这两道题的不同之处用图表示出来？看谁画得最形象、最生动，让别人一看就能明白？

（生自主画图，教师巡视，挑选典型画法全班进行交流）

生：我画的是线段图（如图2），我首先画一条线段表示 $6\frac{1}{2}$ 盒，第一题喝了 $\frac{1}{2}$ 盒，第二题喝了整个的一半。求剩下多少盒，也就是求问号部分是多少盒。

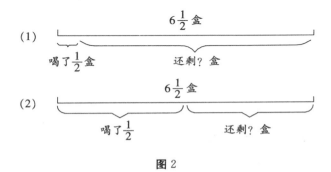

图 2

师：怎么样？

生：我觉得他画的是对的，但是我觉得这样画对理解题目意思没有多大帮助。我是这样画的（如图3），我用一段线段表示1盒饮料，6段就表示 6盒，再加半段合起来就表示 $6\frac{1}{2}$ 盒。第一题喝了 $\frac{1}{2}$ 盒，就是指图中最后的半段；第二题喝了 $\frac{1}{2}$，是指整个长度的一半。

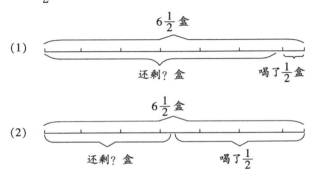

图 3

生：老师，我觉得这题用线段图不直观，我觉得画成正方形最直观。我用1个正方形代表1盒饮料（如图4），$6\frac{1}{2}$盒就画7个正方形，前面6个正方形全部涂色，后面1个正方形涂一半，表示半盒。第一题喝了1/2盒，就是指喝了剩下的半盒；第二题喝了1/2，是指所有饮料的一半。这样，区别一下就看出来了。

图4

（全班鼓掌）

师：两题之间的区别明白了吗？

生：$\frac{1}{2}$表示一半，至于这一半是多少，就要看表示单位"1"的饮料有多少，所以是分率，而$\frac{1}{2}$盒就是半盒，表示一个具体的量。

师：现在谁会做这道题？

（生做题后，教师组织交流略）

师：老师还想把这道题改一改（CAI课件闪烁$6\frac{1}{2}$，闪烁几下后变成6，如图5），请同学们读题，现在你又有什么发现？

　　一批饮料有6盒，喝了$\frac{1}{2}$盒后，还剩多少盒？

　　一批饮料有6盒，喝掉$\frac{1}{2}$后，还剩多少盒？

图5

生：我觉得一个分数如果后面有单位，就和以前学的整数、自然数、小数一样，都表示具体的数量。

生：这样一换后，就变得和我们三年级时候学的一样了。

教学，贴着学生的思维而行，在上述案例中得到了很好的体现。具体来讲，针对学生分辨不清"量"和"分率"这一实际情况，教师首先用CAI课件呈现图1，让学生比较，使学生直观地感受二者的不同。由于生活经验所限，也由于先前学习的消极影响，学生此时的感受是不清晰的，而更多的只是停留在字面的差异上。因此在学生畅所欲言后，教师没有被表象所迷惑，而是顺水推舟，"1/2 有单位时表示什么意思，没有单位时表示什么意思？谁能画一画图，把这两者的区别用图表示出来？"如何深入浅出地表达，对所有学生都是一种挑战。出乎许多老师的"意料"，在学生自主画图表示"1/2"和"1/2 盒"的区别之后，教师没有只展示抽象的线段（图 2），也没有按照从具体到抽象的顺序展示示意图（4→3→2），而是反其道而行之，由抽象到具体（2→3→4）。

表面看来，这有悖常理，但仔细想想，其实很是精妙。一方面，这可以打破学生的思维定式：图越抽象越好，线段图最好；另一方面，学生在直观图的参照下，反而更容易分清"1/2"和"1/2 盒"的区别。同时，也能体验具体问题具体分析的方法。

但教学中贴着学生思维前行的地方不止于此。利用 CAI 课件的即时互动功能，教师进一步将两题中表示饮料数量的 $6\frac{1}{2}$ 闪烁变成 6，对原题进行第二次改组，并征询学生的发现。学生会明白，虽然题目在变，但数量关系没变，只要把"有单位的分数"想成整数、自然数、小数，那么所有的题在某种程度上就和学过的整数应用题、小数应用题是同样的解法了。这不仅将新知纳入到了学生已有的知识结构中，同时学生也在由此及彼、由表及里的联系中深刻地洞察了知识的本质。

学习，核心知识处的聚焦评品

目前，对于自主探索和合作交流学习方式，教师们普遍的担心是怕影响教学进度。的确，如果仅从"教材处理的进度"而不是"丰富每一个学生自身的学习经验"的角度来看，自主探索和合作交流学习的实施比起以前的教学来说，确实有碍于"上课"的进度。在目前的教育体制下，如果因为实施自主学习而影响教科书知识传授进度，那么就不能说是完美的教育方式。因此，如何做到二者兼顾呢？下面，结合"圆柱体的表面积"（苏教版课标实验教科书六年级下册）的教学来谈谈笔者对这方面的体会。

（课前，教师让学生完成三个任务：一、自己动手制作一个圆柱；二、写出制作的步骤；三、记录制作过程中的发现。课堂在学生操作的基础上展开）

师：昨天我们布置了三项任务，是哪三项？

（生回答略）

师：是吧？现在我们一件一件来讨论。首先请同学们展示一下自己做的圆柱，小组内的同学互相看一看，交流一下你是怎么做的？做的过程中有什么发现？

（生交流略）

师：谁来说说，你是怎么制作圆柱的？

生：我准备了三张纸、圆规和剪刀。先把其中一张长方形的纸卷出圆筒形，然后把这个圆筒竖起来，压在另外两张纸上，用铅笔绕着圆筒侧面，画出两个圆，最后把这两个圆剪下来，粘一粘就做成了圆柱。

师：是这样做的吗？看来这样做的人还真不少。有没有补充的？

生：我有一点补充，像刚才×××同学讲的很麻烦。因为圆筒是空心的，一压很容易变形，这样，画的圆也容易变形。而且剪起来也麻烦！一不小心就把刚才画出来的圆剪坏了！

师：有没有这样的感觉？（学生点头）有没有改进的方法避免刚才讲到的麻烦？

生（点头）：要是让我再制作一次，我不会这样。我会先剪两个圆，折出圆的直径，算出它的周长，然后再用这个周长作长方形的一条边，用任意长度作长方形的另外一条边。这样不仅方便，而且可以做出底面固定但高不相等的任意圆柱体。

师：这个同学刚才讲了一个有意思的想法。我们都是先做圆筒，再做底面。他呢？刚好相反，是不是？他先做底面，然后再做……

生：圆筒。

师：这样做有什么好处？

生：这样做免去了描圆，可以直接用圆规画圆。然后用圆的周长公式算出圆的周长，把这个周长当作长方形的长再去挑选纸就可以了。

师：这样是不是很简便？（生点头）这是一个重要的发现，还有没有其他的发现？

生：老师，我还有一个发现，我来解释一下为什么刚才同学们展示的圆柱都是瘦瘦高高的，身材都那么好。其实这是因为很多同学做圆柱时，不是用长方形的宽作的高，而是用长方形的长作的高，这时宽的长度才应该是底面周长。因此，我并不赞成书上说的，圆柱侧面展开是一个长方形，长相当于底面周长，宽相当于圆柱的高。我觉得正确的说法应该是，圆柱侧面展开是一个长方形，长方形长和宽中的某一条边相当于圆柱的底面周长，另一条边相当于圆柱的高。

（班上响起了热烈的掌声）

学习，核心知识处的聚焦评品，在上述案例中得到了充分的体现。计算圆柱的表面积关键是要先算出圆柱的侧面积，而圆柱侧面积最核心的一个知识点是"圆柱的侧面展开是一个长方形，长方形的长等于圆柱的底面周长，长方形的宽等于圆柱的高"。

教师没有机械讲解这一核心知识点，让学生死记硬背，而是要求学生每人课前制作一个圆柱，并写下制作的步骤，记录制作过程中的发现。这样，学生在选材的过程中，或者说在"还原"圆柱的过程中，自然会发现圆柱侧面是由长方形（正方形是特殊的长方形）纸片卷曲而成的，这样求"圆柱的侧面积"实质上就转化成了求"展开的长方形的面积"。

更关键的是，在制作的过程中，学生切实感受到先做圆筒后做底面的"麻烦"：首先，圆筒是空心的，稍一受力就容易变形，这样，给绕着圆筒"描"圆增加了麻烦。其次，剪"圆"时也不是想象中的那么顺利！稍不小心就会把圆剪坏，然后返工，此时教师"有没有改进的方法"的问题不仅将学生的关注点引向改进的方法，也将学生的目光聚焦到"圆柱的底面周长就是展开长方形的长"这一核心知识点上来。

对核心知识进行聚焦评品不仅有利于学生弄懂核心知识，同时也为学生自主学习提供了广阔空间。正如上述案例，师生实质上围绕着一个问题："在做的过程中有什么麻烦的地方？有哪些改进的方法？"从而，搭建了一个平台——全班合作与分享；做了一些铺垫——制作一个圆柱，写出制作的步骤，并记录制作过程中的发现。虽然教学环节简单，但学生的收获却不简单，相反，教学有效地激发了学生的灵性，突破了教学重难点。学科教学进度与学生自主探究二者实现了统一。

教育，顺木之天以致其性

每一朵花都有盛开的理由。龙应台曾这样描述心中理想的教育：坐在斜阳浅照的台阶上，望着那个眼睛清亮的小孩专心地做一件事……让她从从容容地把这个蝴蝶结扎好，用她五岁的手指。教育的至高境界，应该是顺应孩子成长的天性，润泽孩子成长的密码，让他们自然地生长。看起来有些诗意，其实，数学教学也可以做到。

案例："小数乘整数"（苏教版课程标准实验教科书五年级上册）。

片段回放：

师：昨天同学们已经自学了课文，每千克西瓜0.8元，夏天买3千克西瓜多少钱？怎样计算？教材上介绍的几种算法，你最喜欢哪一种？

（生回答略）

师：同学们回答得很好，看来昨天自学得很认真。那么，昨天自习的过程中有没有疑问，或者你觉得很重要、需要特别提醒其他同学注意的地方？

（生）

师：我们常说学贵有疑！能够在看似平常的地方发现疑问，代表了一个人学习的水平。哪位同学能于无疑处生疑？

生：我能在黑板上板书吗？（师点头后生在黑板上板书）我有一个疑问，我觉得0.8×3用竖式计算时竖式应该写成这样（如图1），而不应该是这样（如图2）。

$$
\begin{array}{r}
0.8 \\
\times\ 3 \\
\hline
2.4
\end{array}
$$
图1

$$
\begin{array}{r}
0.8 \\
\times\ 3 \\
\hline
2.4
\end{array}
$$
图2

师：这位同学提出了疑问，她认为 0.8×3 的竖式应该像图 1 那样写而不应像图 2 那样写，你们觉得她说得有没有道理？你们赞成哪一个算式？

（学生独立思考后教师组织学生小组交流）

生：我觉得她说得有道理。我也赞成第一个算式，因为第一个算式数位对齐了，而第二个算式数位没有对齐。

生：我不同意。爸爸告诉我说小数乘整数列竖式计算时，相同数位不用对齐。

生：你爸爸告诉你的就一定对吗？我们应该相信推理，而不是相信长辈。计算小数加减法时，老师反复强调相同数位要对齐，以此类推，小数乘整数时相同数位也应该对齐。

生：那书上为什么是末位对齐呢？

生：书上可能印错了。

生：编辑有这么粗心吗？

生：世界之大，无奇不有。什么事都有可能。

师：这个老师要说明一下，五年级教材上乘法算式都是像第二个算式这样写的，要末位对齐。

（赞成第二个算式正确的同学情绪开始高涨）

师：小数加减法小数点要对齐；小数乘整数末位对齐。这到底是随意的规定，还是有内在的道理？请同学们联系书上的其他解法，看有没有新的发现？

（生再一次阅读教材，陷入了沉思）

生：老师，我有一个发现，不知道对不对？同学们你们看，0.8×3 表示 3 个 0.8 相加，3 个 0.8 相加写成竖式是这样（如图 3），这里这个 3 不仅表示十分位上的 3 个 8 相加，同样还表示个位上的 3 个 0 相加。也就是 3 既指向十分位上的 8，也指向个位上的 0。既然它指向所有的数，所以 3 不用刻意和个位对齐，和末位对齐更整齐、更好看一些。

$$
\begin{array}{r}
0.8 \\
0.8 \\
+\ 0.8 \\
\hline
2.4
\end{array}
$$

图 3

师：刚才×××同学说了一个发现，就是 3 不仅表示 3 个——

生：8。

师：还表示 3 个——

生：0。

师：也就是 3 既管十分位上的 8，也管个位上的 0。甚至当前面还有一个数时，3 还要管前面的那个数，所以表示几个几的 3 不用刻意和个位对齐，而只需要和……

生：末位对齐。

生：我还要补充一点，两个数相乘，数位不用对齐，其实我们已经见过。

师：具体说说。

生：我们三年级学习整十、整百、整千数和一个数相乘，比如 300×5，当时我们列竖式就是 5 对着百位上的 3（如图 4），表示 5 个 3 百相加，所以结果是 15 个百，也就是 1 500。

$$
\begin{array}{r}
300 \\
\times\ 5 \\
\hline
1\ 500
\end{array}
$$

图 4

师（鼓掌）：有一句话老师想和同学们分享，知识的多少并不在于你罗列了多少，而在于你联系了多少。在这一点上，××同学为我们做了很好的表率，还有没有要补充的？

生：我觉得小数加减法数位要对齐是因为只有相同数位才能直接相加减，而小数乘整数不是加法，也不是减法，因此不用数位对整齐。

师：这个问题看来同学们确实理解了。不知同学们有没有其他问题？（学生摇头）大家都没有，老师这还有一个问题，0.8×3 的积是几位小数？

生：一位。

师：为什么？

生：因为 0.8 元＝8 角，8×3＝24 角，24 角＝2.4 元，所以 0.8×3 的积是一位小数。

生：我想补充。因为 0.8×3 表示 3 个 0.8 相加，3 个一位小数相加，和一定是一位小数。

师：照你所说，2.35×3 是几位小数？

生：两位小数，因为 3 个两位小数相加，和一定是两位小数。

师：2.35 乘任何整数，积一定都是两位小数吗？

生（思考一会儿）：不一定，因为两位小数加两位小数，和也可能是一位小数。

师：能具体说说吗？

生：比如说 2.35＋2.35，因为百分位上的两个 5 相加刚好等于 10，向前进 1 后百分位是 0，可以划去，因此 2.35＋2.35＝4.7，是一位小数。

师：有可能是整数吗？

生：有可能，例如 100 个 2 元 3 角 5 分相加就等于 235.00 元，划去小数点后的 0 就是整数 235。

生：老师，我觉得 100 个 2.35 相加和也可以说成是两位小数，只不过最后小数部分都是 0，为了简便把 0 都划去了。

师：如果这样想，2.354 乘任何一个数，积一定是……

生：三位小数。

师：通过刚才的谈话，可以发现小数乘整数，积和因数的小数位数有什么联系？现在再让你计算小数乘整数，你有什么新的想法？

……

让学生的学习像呼吸一样自然！顺势而为，至少表现在两个方面。

第一，小数乘整数末位对齐只是一种书写格式，但对格式的合理性问询中蕴含着对数学的本质追求。小数乘整数的计算法则属陈述性知识，教师常用的教学策略是将计算法则直接教给学生，这突出表现在小数乘整数用竖式计算的书写格式上：小数乘整数末尾对齐。这样的教学看似直观，但学生在不知不觉中却产生了另外一种疑惑：小数加减法是相同数位对齐，到了小数乘整数却变成了末位对齐。数学怎么会这样——一时一个模样，没有逻辑，久而久之，学生想爱数学也不容易了。

案例中的老师敏锐地发现这一"不合理性"，并就此引申发挥，并适时鼓励学生：学贵有疑，在看似平常的地方发现问题、提出问题，代表了学习的深度与研究的水平。这样，就将学生的注意力聚焦到了小数乘整数究竟应该"数位对齐"还是"末位对齐"这一疑点上来。施教之功，贵在引路。在学生自主探索没有头绪时，教师适时地启发，学生不仅注意到了加法竖式和乘法竖式的联系，更重要的是，在学生熟知的加法竖式中发现了小数乘整数"末位对齐"这一规定的合理性。

第二，关注算法的实际背景与形成过程，在最熟悉的地方顺应算理（新知），让学习像呼吸一样自然。从知识授受的层面看，"积的小数位数和因数的小数位数相同"这一知识点很简单，但从过程与方法的角度看，却不简单。教材是在学生初步感知小数乘整数能用竖式计算的前提下，出示下题（如图5）。进而整理出小数乘整数的计算法则：先按整数乘整数的法则进行计算，再看乘数里有几位小数，就从积的右边数出几位，点上小数点。

 试一试

用计算器计算下面各题，看看积和因数的小数位数有什么联系。

4.76×12 2.8×53 103×0.25

在小组里说说小数和整数相乘应该怎样计算。

图 5

然而，这样教学存在两个障碍：第一，教师刚刚要求学生自主尝试探索小数乘整数的计算方法，可一转眼"试一试"却让学生用计算器去做小数乘整数的习题，这样学生和教师都会感到不自然；第二，计算器不会保留小数末尾的0。当学生"不经意中"举一个特例如2.35×2时，计算器算出来的结果是4.7而不是4.70，这时编者精心设计的推理过程就失去了意义。

要想顺利整理出小数乘整数的计算法则，教学需要另辟蹊径，上述案例进行了一次有益的尝试。具体地说，在学生厘清了小数乘整数应末尾对齐之后，教师紧接着提出一系列问题，0.8×3的积是几位小数？2.35×3呢？2.35乘任何数一定是一个两位小数吗？看似轻描淡写，实则四两拨千斤：几个相同的一位小数相加，和一定是一位小数；几个相同的两位小数相加，和也一定是两位小数……而2个2.35相加的和（即2.35×2的积）之所以看上去是一位小数，不是两位小数，是因为计算后把结果简化了，小数末尾的0被去掉了。相同加数的和与相同加数的小数位数始终相等，借助学生耳熟能详的这一经验，就自然地完成了"小数乘整数积与因数的小数位数相同"这一关键知识点的教学。

教育，顺木之天以致其性。实践证明，顺应每一个学生的基础，在学生最熟悉的地方引发新知，是最简单通常也是最有效的方法。

173

高度决定视野，角度决定方向

同一个教学内容，可以有多种教学设计，且每种都在探求更好的教学方式。但数学教学的首要问题不在于好的教学方式是什么，而在于数学的本质是什么。周建伟老师对"中位数"教学设计的重构，就是在教学内容数学本质的考量中展开的。

与平均数一样，中位数也是用来描述一组数据集中趋势的统计量，当一组数据按照大小顺序排列后，最中间的数就是中位数。可是纵观许多老师的教学实践，学生对中位数的认识鲜有真正的理解。

笔者认为主要有两方面的原因。第一，生活中很少接触中位数，几乎没有相关经验，因此中位数的学习仅仅局限在对概念的字面理解上；第二，统计教学突出的是数据的统计意义，即在数据分析观念中，有一条是非常重要的，那就是没有绝对意义上的对与错。用中位数也可以，用平均数也不算错，这样更模糊了对"中位数引入的必要性"的认识。

中位数教学的关键点，并不在于以哪种方式教会学生选取中位数，而在于让学生理解"为什么有极端数据时，描述一组数据的一般水平用中位数比平均数更合适"。

周建伟老师很好地解决了这个问题。他首先出示李静和周杰两位同学五年级上学期 5 个数学单元测试的平均成绩（如表 1），并让学生比较谁的成绩好一些。

表 1

姓名	第一单元	第二单元	第三单元	第四单元	第五单元	平均分
李静						90
周杰						86

受思维定式的影响，学生理所当然地认为李静同学的成绩要好一些。事实上是这样吗？周老师补充完数据（表2），学生发现用平均数考量二者的学习成绩并不合适。

表 2

姓名	第一单元	第二单元	第三单元	第四单元	第五单元	平均分
李静	96	87	90	89	88	90
周杰	98	97	100	95	40	86

从表2中可以看出，这一组数据很特殊，具体表现在两个方面。第一，成绩衡量的应该是某一段时间的学习水平，可是在5次单元测验中，周杰就有4次测验成绩比李静高；第二，从分数分布情况来看，周杰有4次考试成绩在95分及以上，而李静只有1次，换句话说，周杰倒数第二的成绩（95分）却要比李静顺数第二（90分）的成绩考得还要好。可是，李静的平均成绩反而比周杰高。学生观察后不难发现，之所以如此，是因为周杰第5次测试只考了40分，远远低于其他几次考试的成绩，因此将其他几次测试的成绩拉了下来。这种极端数据对平均数的影响学生自然就体会到了。此时，再引出中位数也就顺理成章了。

当有极端数据时，多数学生的成绩远远高于（或低于）平均数，而中位数则不然，中位数始终处在所有数据的中间水平。这是有了平均数这一现成的考量标准后，中位数仍然存在的又一重要原因。为了让学生深刻地感受这一点，在学生对中位数引入的必要性有了初步感性认识后，周老师又将"五年级一班掷沙包比赛的成绩单"（如表3）由统计表转化成条形统计图（如图1）。

表 3 五年级一班掷沙包比赛的成绩单（单位：米）

姓名	李明	陈东	刘云	马刚	王鹏	张炎	赵丽
成绩	35.7	26.7	25.8	24.7	24.6	24.1	23.2

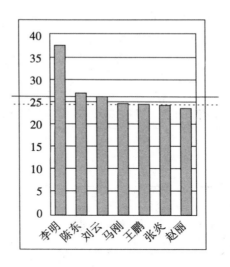

图1

实线表示五年级一班同学掷沙包的平均成绩，虚线表示掷沙包成绩的中位数。在直观对比中学生可以很清楚地看到，由于李明的成绩非常高，远远高于其他同学，移多补少后拉高了平均数，导致 7 个同学中就有 5 个同学的成绩比平均成绩要低。

"如果允许你改动一个数据，使得用平均数表示这个小组同学掷沙包的一般水平比较合适，你觉得应该怎样改？"

"当最大的数据继续变大时，平均数会怎样变？中位数呢？当最小的数据继续变小时，平均数会怎样变？中位数呢？从这里，你发现了什么？你有什么想要说的？"

同学们在对比中，深刻地建构了中位数和平均数的各自特点、适用范围及相互联系。中位数与平均数在学生头脑中也不再是机械分割，而是具有内在联系的了。

高度决定视野，角度决定方向。数学教师认识数学的高度与角度，决定了教学的视野和方向。数学教师只有明白所教内容，通晓其精髓，才可能从高处入眼，从巧处入手，从实用处出发，将课讲得深入浅出。

立意炼就格局，智慧成就精彩

"角的度量"是一个传统的、大多数教师上公开课时都不愿尝试的课题，但是，特级教师华应龙老师却以其独特的教学风范和教育智慧，把枯燥难讲的"角的度量"讲得生动活泼，且富有探究性。

片段回放：

（引入新课后，华老师让学生尝试量一个角的度数，结果学生有的说是100°，有的说是80°）

师：到底有多少度呢？我们先不去研究。看到这个量角器挺复杂的，你有什么疑问吗？

生：我发现量角器有两圈数字，里面一圈数字，外面一圈数字，量角时到底应该看哪圈数字呢？

师：这个问题很好！我小时候刚拿到量角器的时候也有这样的疑问。真棒！能把自己的问题表达出来的水平真高。还有不同的问题吗？

生：角是尖尖的，可量角器是圆圆的。圆圆的量角器怎么能量尖尖的角呢？

师：这个同学很聪明。看到今天的学习内容，他很快联想到以前见过的角是？（尖尖的）还有？（两条直直的边）并且，头脑中产生一个疑问：形状相差这么远，怎么可以去度量呢？

师：还有其他问题吗？（学生思考，教师板书"量角器"后启发）看看量角器，上面那么多东西是干什么用的呢？同学们琢磨琢磨。这位同学你说。

生：我想问的是最外面那一圈是干什么用的？

师：很好。其实你的问题和刚才第一个同学提的问题有一定联系。刚才第一个同学问的是？（两圈究竟看哪一圈）你觉得外面一圈数字是干什么用的？

（生答略）

生：我有一个问题，为什么外面一圈比里面一圈数字大呢？

师：外面一圈所有的数都比里面那圈对应的数字大吗？

生：（学生再仔细看后）不，有的大，有的小。左半边是外圈大，内圈小。右半边是外圈小，内圈大。

师：同学们，这些问题都非常有价值，并且我相信随着我们逐步认识量角器，这些问题都会得到解决。

师：下面我们来讨论第二个同学的问题，既然量角器是用来量角的，请问从这个量角器上能找到角吗？

生：能！

师：我们一起来找找看。（CAI 出示）按照我们刚才的量法，大家觉得那个是角吗（0 刻度线与圆弧相夹形成的图形）？

生：不是。

师：为什么不是？

生：虽然它的头是尖尖的，一条边是直的，但还有一条边是弯的。

师：换句话说，角有两条边，一个顶点（板书：角，顶点，一条边，另一条边）。这两条边都是什么线？

生：射线。

师：这样说老师就明白刚才那个为什么不是角了。那么，你能在哪里找到角呢？比划一下。

生：这一个是一个直角。

（学生比划得不规范，教师指导后学生再尝试）

师：同意吗？这就找到一个角了。那么请问这个直角的顶点在哪？能指出来吗？（生指出）如果用一个词描述这个点的位置，谁会说？

生：这个直角的顶点在量角器的中心。

师：说得非常好！直角的顶点就在量角器的中心（板书：中心。随后指着投影仪量角器上的中心）。这个点叫直角的顶点，又叫量角器的？（生答"中心"）量角器的中心这边有一条标有 0 的直线，这就是直角的？（生答"一条边"）

师：因为这条边在量角器的零刻度上，所以这条边叫零度刻度线（板书：零度刻度线）。另一条边呢，是这个量角器的？

生：90°刻度线。

（板书：90°刻度线。教学生正确规范书写90°）

师：刚才我们在量角器上找了一个90°的角，也就是直角。同学们的课桌上有一个信封，信封里有一些纸量角器，请同学们选择一个纸量角器，在纸量角器上画一个直角。

……

立意炼就格局，智慧成就精彩。当今数学课堂由于对知识与技能的盲目追逐，忽视了本该拥有的文化气度和从容姿态，这在技能操作性课堂中体现得尤其明显。角的度量作为一种基本的操作技能，很容易被分解为若干个可以掌握的部分，如传统教学常见的"二合一看"（角的顶点和量角器的中心重合，一条边与0刻度线重合，看另一条边所对应的刻度）技能训练要点。这种机械的划分导致"角的度量"的教学变得枯燥、繁琐、呆板。

华老师清醒地意识到了这一点，因此他从整体高度来审视"角的度量"的教学，进而发现，大多数学生不会量角并不是因为对度量的口诀记忆不熟，而是由于不理解"圆圆的量角器怎么能量尖尖的角"（这在上述案例中也再一次得到体现）。而学生存在上述困惑的主要原因在于以下数学事实：量角器上有很多的角，所谓量角，就是在量角器上找一个已知度数的角，使它与所要量的角完全重合。由于有了以上认识，华老师就从枯燥乏味的技能演练中跳出来，别出心裁地设计教学，表面看是在引导学生进行观察量角器构造的活动，实际上是让学生经历由浅入深地找角、指角、画角等活动，并通过这些活动，让学生领悟以下数学原理：量角器上有很多个角，这些角的顶点就是量角器的中心，这些角的边就是量角器的刻度线。

课堂应该是未知的旅程，随时都有可能出现意外的通道和美丽的风景，这要求教师对教育信息具有快速判断和捕捉的能力，具有及时反馈和处理的机智，在华老师的课堂中，折射出这样教育智慧的片段比比皆是。以下虽然只是一例，但窥一斑也可知全貌。

华老师在创设情境引出角的度量后，学生有两种答案：有的说是100°，有的说是80°。究竟哪一种答案正确呢？学生迫切希望教师予以评价。出于尊重，许多老师可能会让学生陈述理由，有的甚至会让学生进行辩论。但华老师却不同，他敏锐地察觉到，答案的不一致正说明学生对量角器的认识有偏颇，但此时讨论并不是最好的方式，因此华老师语锋一转地说了一

179

句："到底有多少度呢？我们先不去研究。看看这个量角器挺复杂的，你们有什么问题吗？"这样，既注意到了学生心中的疑惑，又保证学生有充足的时间对量角器进行研究和探讨。而学生观察量角器并提出了三个问题后，面对这三个问题，华老师也采用了不同的策略：或肯定、或重复、或转化。因此，虽然课堂时时刻刻都处在变化中，但由于华老师进退适度，使这些变化能始终围绕学习内容有层次地展开。

"学者型教师大都是从立意上去考虑教学。因此，在学者型教师的课堂里，即使是满堂灌，学生仍然感觉如沐春风。"华老师是全国知名的学者型教师，他的课堂妙趣横生，学习像呼吸一样自然、从容。那么，华老师的学生在他的课堂上是什么样的感受呢？想到这，笔者不禁心驰神往了。

润泽，挖掘简单背后的精彩

从做题意义上来讲，小学数学很简单；但是从知识奠基的意义上说，却很不简单。仰望星空的人，看得到"1＋1＝2"中的函数思想，看得到试商等"笨办法"中"大智若愚"的一面，看得到初等数学背后深深的思想隧道；具有教育智慧的人，会把复杂的东西教得简单，会把简单的东西教得有厚度，会让人从一个概念、一个公式、一个算法中看到整个学科的魅力。当教师的眼里有真正的数学，当课堂中有真正的儿童时，数学教育就找到了那个撬动地球的"支点"。

案例："面积与面积单位"（北师大版课程标准实验教科书三年级下册）。

片段回放：

（CAI课件创设情境：小蚂蚁豆豆搬家，可不知道自己新房间的面积，怎么办呢）

师：小蚂蚁豆豆听说同学们昨天刚刚学习了面积的知识，想让你们帮忙解决一个问题，你们愿意帮帮它吗？

生：愿意。

师：豆豆房间地面的平面图就在你们的桌面上，快找到它。请你想一想，怎样才能知道它的面积呢？

生1：用小正方形量。

生2：可以用圆形来量。

生3：我们昨天学过数格子，我们还可以用数格子的方法。

生4：我们还可以用长方形量。

师：同学们说的方法都可以，下面请同学们用自己喜欢的方法来测量小蚂蚁房间地面的面积。

（生测量，师巡视）

师：谁来汇报一下你是怎样测量的？汇报时说清楚你选择的测量工具

是什么，测量的结果是多少。

生1：我选择的测量工具是小正方形，结果一共用了 12 个小正方形。

师：哪些同学也是用小正方形来测量的？测量的结果都是 12 吗？

生：是。

生2：我是用圆形来测量的，小蚂蚁房间的面积有 3 个圆形那么大。

师：谁也是用圆形来测量的？（生举手）你们测量的结果有没有不一样的？

（生摇头）

生3：我用长方形测量的，一共用了 5 个长方形。

师：测量结束了，我们可以把结果告诉小蚂蚁了（出示动画：天啊！我都糊涂了，你们测量的结果怎么都不一样啊）。

师：是啊，你们测量的结果怎么都不一样呢？谁来说说？

生1：因为正方形、圆形、长方形的大小都不一样，所以测量的结果就不一样。

生2：因为使用的工具不同，工具的大小不同，所以测量的结果也就不一样。

师：在这几种工具中，你们认为选择哪一种工具比较合理？

生1：我觉得用正方形比较合理。

师：说说你的理由。

生1：因为用正方形可以铺得没有空隙，能把所有的地方都盖住。

师：（CAI 课件演示）也就是能把这个长方形的卡片铺满。那为什么不用圆和长方形呢？

生：圆铺得有空隙，还有露出的地方。

师：有露出的地方，说明测得的结果怎么样？

生：测量的结果不准确。

师：长方形呢？长方形也可以把这张卡片铺满，铺得没有空隙呀？

生：长方形在大小不变的情况下，形状可以变化。

师：具体说说。

生：同样是这样大的长方形，我把它从中间裁开，然后一拼，又变成一个形状不同的长方形。

师：（边说边用 CAI 课件演示）你的意思就是说大小一定的长方形，形状却不确定，是这个意思吗？

生：是。

师：只有用哪个图形既可以铺得没有空隙，而且大小固定下来之后，形状也随着固定了？

生：正方形。

师：所以用哪个图形来测量是最合适的？

生：正方形。

师：老师尊重你们的想法。事实上，我们帮豆豆测量地面面积的小正方形，就是国际上通用的面积单位（板书课题）。

给我一个支点，我就能撬动整个地球。案例中的教师从知识奠基的角度将"面积与面积单位"这一简单的内容教得意味深长。笔者认为一个重要的原因是教者跳出知识本身教知识，看到了知识背后的文化内涵，并将这种内涵转化为显性的课堂设计，进而使课堂呈现出独特的厚重感。突出表现在教师引导学生重温面积单位的创造过程，让学生体验面积单位产生的必然性和合理性。

具体来讲，测量同一个房间时，由于测量工具不同，得到的数据也不相同。为使数据相同，统一测量单位就成为必然。

如果说教学仅此而已，还不值得称道。教师又匠心独具地引出了另外一个问题：生活中的图形很多，圆、三角形、正方形、长方形等都是平面图形，究竟应选用哪一种作为测量单位才更合适呢？

乍一看，这一问题似乎远离学生的"实际"，但通过分析和比较，学生就能确定，用正方形作测量单位最合适。

复杂的东西教得简单，简单的东西教得有厚度。随着学习进程的不断深入，学生不仅深刻体验到了统一测量单位的意义与价值，还体会了人类创造面积单位的历史过程。因此，在追本溯源中，激发了学生的情感和思维。

悟 在 课 堂

183

欣慰过程，也要高兴结果

注重教学过程已经渗透到每一位数学教师的心里，但是，注重过程不应该以淡化结果为代价。因此，如何取得过程与结果的动态平衡，促进知识与技能、过程与方法的融合统一就成为每一位数学教师应该思考的课题。下面以"乘法的初步认识"（人教版课程标准实验教科书数学二年级上册）为例谈谈自己的体会。

片段回放：

（教师让学生用小棒自主选择一种自己最喜欢的图形，在规定的时间内，摆出若干个同样的图形，然后组织学生交流）

师：谁来说一说你摆的是什么图形？摆这个图形用了几根小棒？摆了几个这样的图形？

生：我摆的是房子，我摆一座房子用了 10 根小棒，我摆了 4 座房子。

师：你摆 4 座房子一共用了多少根小棒，能列算式解决这个问题吗？

生：$10+10+10+10=40$。

师：谁再来介绍自己摆的图形？

生：我摆的是小树，摆一棵小树要用 4 根小棒，我摆了 6 棵树，一共用的小棒数用算式表示是 $4+4+4+4+4+4$。

生：我摆的是三角形，一个三角形用 3 根小棒，我共摆了 11 个。

师：谁来说说××同学一共用了多少根小棒？用算式怎样表示？

（生说算式时，教师故意多写了 1 个 3）

生：老师，你写错了，多写了 1 个 3。

师：（故作惊诧）唉！老师真粗心。

生：老师，不是你粗心，而是 3 太多了。

师：是啊！3 太多了，这样写算式太麻烦了。有没有办法让这个算式变得简单些呢？

（生独立思考后，同桌讨论）

师：同学们找到了好的办法没有？

生：我们可以用合并加数的方法（生边说边在黑板上演示）。每 3 个 3 合并成 1 个 9，最后的 2 个 3 合并成一个 6，所以 3＋3＋3＋3＋3＋3＋3＋3＋3＋3＋3 可以缩写成 9＋9＋9＋6。

师：同学们觉得这个方法怎么样？

（大多数学生觉得很好，一个学生提出了不同看法）

生：老师，我觉得他的方法很好，但是这个方法只对一些算式有效。如果一个算式很多，比如说加数有 100 个，合并加数虽然可以使算式缩短，但是合并后的算式依然很长。

师：是啊！如果老师摆上 50 个、100 个这样的三角形，要求算出一共用了多少根小棒，即使这样把加数合并起来写，算式还是很长。同学们还有没有其他的好方法。

生：老师，我觉得把上面这个算式写成 11 个 3 相加好一些。

（师板书"11 个 3 相加"）

师：3 指什么？

生：3 指的是这个加法算式中的加数都是 3。

师：那 11 呢？11 从哪里来的？算式中没有 11 呀！

生：11 是指 3 的个数。我数了数，算式中一共有 11 个 3，所以写作"11 个 3 相加"。

师：我们一起来数一数，看是不是有 11 个 3？

（师生一起数）

师：同学们觉得这个方法怎么样？

生：这个方法很好，不管算式有多长，都可以写成几个几相加，很简单。

师：同学们真会动脑筋！你们也会用××同学的方法来表示刚才的这两道算式（10＋10＋10＋10 和 4＋4＋4＋4＋4＋4）吗？

（生缩减算式后教师组织交流，交流的过程中紧扣"有几个几"发问，让学生体会到相同加数的个数是数出来的，并不表示加法算式中有这个数）

师：还有没有其他的方法？

生：老师，我知道还可以用乘法表示。比如 4＋4＋4＋4＋4 用乘法

表示是"4×6"或"6×4"。

师：你是怎么知道的？

生：我爸爸告诉我的。

生：我也是这样做的，不过，我是在书上看到的。

师：谁能说一说，这里的6表示什么？4又表示什么？

（生交流后，教师向学生介绍乘号、乘法算式的读法和写法，组织学生用乘法改写黑板上及自己练习本上的加法算式，并说一说算式中各数表示的意义）

师：今天同学们表现非常棒，老师很高兴！看到大家这么认真地学，老师准备发给你们一些奖品。××同学，你今天发言的声音特别响亮，老师奖给你1支铅笔；××同学，你今天听讲比过去专心多了，老师奖给你2支铅笔；××同学，你的几次发言都很精彩，老师奖给你3支铅笔。那么，老师一共发了多少支铅笔？你们能用算式表示吗？

生：一共奖了6支铅笔，用算式表示是"1+2+3"。

（师板书"1+2+3"）

师：这道算式能用乘法算式表示吗？

（生分成了两派，在争论中达成了共识）

师：为什么同样是加法算式，前面这几道加法算式能用乘法算式表示，而这一道却不能呢？

生：我发现这道加法算式和前面的几道加法算式不同。虽然它们都是加法算式，但前面几个算式的加数都相同，而"1+2+3"加数各不相同。

师：你的意思是说一个加法算式如果能改写成乘法算式，它的什么都必须相同？

生：加数。

师：加数相同我们给它取个名字，叫"相同加数"。

（板书"相同加数"）

师："1+2+3"不能改写成乘法算式，是因为它的加数各不相同，那么老师怎样奖铅笔，就可以用乘法表示奖出铅笔的总支数呢？

生：3个同学，每个学生奖2支铅笔，一共奖出了多少支铅笔可以用乘法算式表示为：3×2或2×3。

师：老师发现同学们都非常聪明，都非常认真，老师准备奖给全班每个同学 2 支铅笔，你们帮老师算一算，应该准备多少支铅笔？怎样列算式？

（学生在练习本上列算式，教师巡视）

师：谁来说说自己的算式？

生：35×2 或 2×35。

师：有没有列加法算式的？为什么都不列加法算式呢？

生：列加法算式太麻烦了，要写 35 个 2 连加，练习本一行都写不下。用乘法算式来表示只要写成 35×2 或 2×35 就够了。

师：看来，求相同加数的和时，还是用……

生（异口同声）：用乘法算式表示比较简便（教师在相同加数旁边将板书补充完整：求几个相同加数的和，用乘法比较简便）。

师：同学们觉得老师刚才教得怎么样？

生：老师，您教得太好了，我们为您鼓掌。

（全班学生鼓掌）

师：老师也为同学们的精彩表现鼓掌。（师鼓掌后）同学们，你们发现老师的掌声有什么特别的地方吗？

生：老师的掌声好像有什么规律。

师：请同学们认真听一听，老师每次鼓了几下掌？一连鼓了几次？

生（恍然大悟）：老师鼓了 3 组掌，每组都鼓了 4 下，老师一共鼓了多少下掌用乘法算式表示就是 3×4 或 4×3。

师：同学们观察得非常仔细。下面再听老师的掌声，看可以用哪个乘法算式表示。

（生回答后，教师说乘法算式，学生用掌声表示。然后同桌互相说乘法算式，互相用掌声表示）

……

好的教学应该是：学生在愉快的氛围中习得了知识，发展了能力。这在上述案例中表现得特别明显，具体体现在以下两方面。

第一，两次活动既是为了顺应学生的天性，又是为了促进儿童的理解和发展。活动是儿童的天性，为了顺应儿童的天性，教师在教学中应尽可能多地创设一些儿童喜闻乐见的活动。但是，活动的目的绝不仅仅是为了让学生觉得数学好玩儿，而应以促进学生掌握所学的知识为前提。上述教学案例中的两个主体活动：摆小棒和拍巴掌都是以学生感兴趣的形式将基

本原理和基本关系凸显出来，使学生能以高昂的热情对知识进行探究。这在学生的两个主体活动中都体现得非常明显，首先看第一个活动——摆小棒，上课一开始，教师就利用学生好玩儿的天性，让学生摆图形，并且是在规定时间里摆一种图形。计算一共用了多少根小棒时，学生列出来的都是加数相同的加法算式，这样就抓住了乘法教学的一个核心概念：相同加数。但是，仅凭一道算式学生很难深刻地进行感知。此时，教师的"匠心"就体现了出来：让学生摆自己最喜欢的图形。有的学生摆的是三角形，有的是五角星，有的是房子……这一方面体现出教师对学生个性的尊重，另一方面也为学生的探究提供了丰富的研究素材。学生将加法算式改写成"几个几相加"，改写成"几个几"，都是对自己以及对同伴"所列的加法算式"的加工与改造。上述学习中，学生可能理解了"相同加数"和"相同加数的个数"，但这种理解是一种潜在的感悟，如何将它转化为一种外显的、学生感兴趣的、可以指导的行动？教师抓住了课堂教学中一个细节：让学生为老师的教学鼓掌，因势利导，老师也为学生的表现鼓掌，并启迪学生，区分老师和同学们的鼓掌有什么不同，从而随机生成了"拍巴掌"的活动。这样，就将学生对"相同加数"和"相同加数的个数"的理解外化为一种可见、可感、可演的外在的活动：加数是几就一次拍几下，有几个这样的加数就拍几次。这样的教学使学生的知识得以深化、巩固。

第二，三次奖励——奖励可以激励学生学习、组织课堂教学，也可以充当课堂教学资源。案例中，教师三次奖励学生铅笔，都达到了进一步激发学习兴趣、吸引学生注意力、加强教学效果的目的。但同时，也是最重要的，三次奖励、三次激励都为后续学习提供了很好的活动素材。具体来讲，乘法是求几个相同加数的和的简便运算，其中，有两个概念比较重要：相同加数和相同加数的个数。如果说，学生对前面相同加数的个数比较熟悉，那么，对于另一个重要条件：加数必须相同，可能还有些困惑，因此，教师奖励学生时使铅笔数故意不相同，从而为学生领悟"加数必须相同"提供了思考：同样是加法算式，为什么前面的能改写成乘法算式，而"1＋2＋3"就不能？学生在两组算式的直观对比中，能感悟到加法算式改写成乘法算式的前提：加数必须相同。

"老师如何分配奖品，就可以用乘法算式来表示？"表面上看是教师在调整奖励方案，实质上是教师对学生是否掌握"加法改写成乘法必须加数相同"这一知识点的检验和反馈。可见，每一次奖励，每一次激励，都既是教学的环节，又是下一教学环节的资源，是学生理解、巩固乘法相关知识的辅助性工具。

"知识与技能的学习必须以有利于其他目标的实验为前提"，"过程、方法、价值观等目标的追求不能以牺牲数学知识和数学技能训练的严格要求为代价"……重新温习新课标，反观上述案例，理想中的数学课堂不禁浮现在眼前：通过一定的过程和方法，学生在兴趣盎然的课堂中，掌握了知识与技能。

欣慰于过程，高兴于结果，我们憧憬着！

悟

在

课

堂

让体积单位拥有度量的实际意义

教学中常出现学生忘记在得数后面写上单位的现象。其重要的原因在于，在学生潜意识中，长度单位、质量单位和所有其他单位没有什么区别，都是数字后面的一种后缀词，没有任何现实意义。那么，如何转变学生的这种错误观念，帮助学生体会度量单位的实际意义呢？结合"长方体的体积"（北师大课程标准实验教科书五年级上册）的教学谈谈我们的尝试。

片段回放：

师：（出示一条线段，如图1）这条线段有几米？你是怎么知道的？

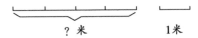

?米　　　　1米

图1

生：4米，用1米的米尺量了4次。

师：（出示一个长方形，如图2）这个长方形的面积是多少？你又是怎么知道的？

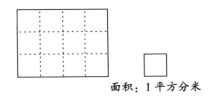

面积：1平方分米

图2

生：12平方分米，因为用面积为1平方分米的正方形去度量，度量了12次。

师：（出示长方体，如图3）长方体的体积是多少？要想知道长方体的体积，你有什么好的建议？

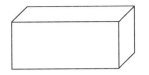

图 3

生：用体积单位去度量。

师：能具体说说吗？

生：选择一个体积单位，这个长方体比较大，我觉得选边长为 1 分米的正方体比较合适，用这些边长为 1 分米的正方体去摆长方体，用了多少个这样的正方体，长方体的体积就是几立方分米。

师：同学们听明白了吗？（生答略）同学们的抽屉中都有一个同样大小的长方体，还有一些边长为 1 分米的正方体。请同学们动手摆一摆，看长方体的体积究竟是多少？

（生自主摆，教师巡视，寻找典型摆法，组织学生交流）

生：我是这样摆的：我首先沿着长摆了 4 个，然后这样摆了 2 排，又接着摆了这样的 3 层，一共用了 24 个边长为 1 分米的正方体。我觉得长方体的体积应该是 24 立方分米。

生：我的摆法和他的有点不同：我虽然也是先"长摆 4 个、摆 2 排"这样摆了 1 层，但第 2、第 3 层我就没有这样摆了，我都只摆了 1 个，我觉得这样也可以看出摆的是 3 层。

师：同学们理解他的意思吗？他的意思是说长方体的什么可以看作层数？

生：长方体的高。长方体的高是几，就可以看作长方体摆了几层。

师：那么，还能不能用更少的边长为 1 分米的正方体摆出体积是 24 立方分米的长方体呢？

（学生思考，不一会儿有学生举手）

师：我觉得第一层也不需要严严实实地摆，只需要横着摆一排，竖着摆一排，垂直着摆一排，这样摆只需要 7 个小正方体就够了。

师：谁听懂了他的意思？这样摆是一个长方体吗？

生：这样摆表面上看不像一个长方体。但如果加上想象，我们头脑中还是会出现一个虚拟的长方体（CAI 课件随着学生的讲述，勾勒立体图）。

悟在课堂

这个长方体的长是横着摆的正方体的个数，宽是竖着摆的正方体的个数，高是垂直摆的正方体的个数。

师：换句话说，长方体的长表示……（生：一排可以摆多少个正方体）宽呢？（生：摆了这样的几排）高？（生：一共摆了几层）

师：那么，你们想一想长方体含有多少个体积单位，也就是长方体的体积与什么有关？可以怎样算？

生：长方体的体积与长方体每排正方体的个数、排数和层数有关。我觉得长方体的体积公式应该是长×宽×高。

（师板书：长方体体积＝长×宽×高）

师：长方体体积＝长×宽×高，究竟是不是这样呢？我们还应该验证一下。怎样验证？同学们有没有好的想法？

生：任意摆几个长方体，看长方体的体积是不是等于长×宽×高。

（生自主摆长方体，填实验表，略）

在类迁移中让学生领略度量单位的实际意义是教学力求有所突破的地方。具体地说，课堂一开始，教师就跳出"长方体体积"这一具体的教学任务，将长方体体积公式的教学提升到"度量"的高度，与线、面的度量统一，不仅顺利实现了学生的迁移，同时，让学生明白线、面、体的测量的实质相同，都是用相应计量单位去度量，有几个计量单位，其数量就是几。至此，学生就掌握了体积单位的实际意义。

同时，上述教学很好地厘清了学生的一个困惑：既然度量体积应该用体积单位，为什么实际生活中度量长方体的体积用的却是长方体的长、宽、高呢？

上述教学巧妙地突破了这一困惑。当学生提出用体积单位度量长方体的体积时，教师让学生自主摆边长为1的正方体，出现了三种结果，第一个同学的摆法局限在直观操作水平；第二个同学的摆法虽然形象的、本质属性的成分在增加（学生对高的意义已有所了解），但仍局限在形象抽象水平；而第三个同学的摆法是对长方体长、宽、高的内涵理解的基础上的提升，已经初步达到了本质抽象水平。教师有步骤、有计划地依次展示交流，为学生进一步深入理解长方体长、宽、高的意义提供了契机。具体地说，学生通过对第二和第三个摆法的比较，能够明白，长方体的高表示一共摆了几层；同样，通过第一和第二个摆法的对照，能理解长方体的长表示一排可以摆多少个正方体，宽表示摆了这样的几排。从而能够明白，"长×宽×高"表示长方体一共含有多少个边长为1的正方体，度量长方体的长、宽、高相当于间接了解了"长方体一共含有多少个体积单位"。因此，用体积单位度量转化为了用长度单位去测量。

除此之外，要特别补充说明的是，对学生三种层次的操作的展示交流，同时也发展和提升了学生的空间观念，学生头脑中的长方体由直观，到形象，最后抽象，学生的空间感也一步一步地得到了提高。

悟

在

课

堂

生活润泽教育 教育指导人生

有这样一道题：你能量出 1 升水并称一称它有多重吗？对于这道题，部分教师并不重视，认为实验耗时费力，还可能带来负面影响，因为升是体积单位，而千克是质量单位，二者属于不同的领域，不能等同，做了这个实验，受实验结果的暗示，学生可能会得出"1 升＝1 千克"的错误结论。

教师的担忧不无道理。但从另一方面则反映了教材设计者的良苦用心。在学习和生活中，经常见到二者混用的现象，如矿泉水包装：有的包装上注明的是克与千克，有的注明的却是升与毫升。善于观察的同学难免会产生疑惑，不求甚解的情况下，有的学生甚至会形成错误的认识：升＝千克。从这个意义上讲，在"升与毫升"这一单元编排这样的习题不仅必要，而且及时，它反映了编者对生活的审慎体察及对学情的准确把握。

同时，又带来另外一个问题：如何消除实验对学生的消极影响？其实方法并不复杂。具体来讲，在学生"量出 1 升水，并称出 1 升水等于 1 千克"的基础上，教师应适时板书：1 升的＿＿＿＝＿＿＿克。在此基础上，出示矿泉水的不同商标，引导学生辨析：为什么有的注明的是容积，有的注明的是质量？书写格式的不一致会不会引发人们认识上的混乱？学生在思考和讨论中，特别是在教师的点拨下，逐渐明白，升与千克虽然是不同的计量单位，但由于纯净水的特殊性，其体积与质量在数量上是相等的。正因为如此，对于纯净水来说，知道体积实质上就知道了质量，反之也一样。

生活润泽教育，教育指导人生。在"升与毫升"这一单元设计"量出 1 升水并称一称有多重"这一实验的意义不止于此，它还会自然地引发学生进行如下思考：1 升水的质量是 1 千克，那么 1 升水银呢？1 升油呢……这不仅将问题延伸到了课外，而且培养了学生的数学意识和研究问题的习惯。

提大问题，做大气的数学教师

有人说，数学的本质在于化繁为简，在于用简单明了的方式表示复杂的自然现象与社会现象。教学的本质在于深入浅出，通过纷繁复杂的事物为学生揭示简单的道理与规则，使学生感受数学之美。但现实的状况，往往又使越来越多的教育者感到教育过程的复杂，使学习者感到学习过程苦不堪言。因此，在教育改革的进程中，人们不断地呼唤教育本质的回归，达到使学生减负的目的。教育观念的改变、课程设计的变革、教学方式的更新，许多尝试都在试图找到解决这些问题的途径。

一、以"大问题"为导向的课堂教学的提出

问题是数学的核心，问题在数学活动中具有特别重要的地位，人们常把数学称为"解决问题的艺术"。"问题的缺乏预示着独立发展的衰亡或中止。"（希尔伯特语）对问题的高度重视是数学教学的一个重要传统，尤其是《全日制义务教育数学课程标准（修订稿）》的颁布实施，使得培养学生发现问题、提出问题、分析问题、解决问题的能力越来越受到广大教师的重视，并成为当下数学研究的热点。

从世界范围来看，虽然各国对培养学生发现问题、提出问题、分析问题、解决问题早已形成共识，很多有识之士也做了许多宝贵的尝试（如布鲁纳的认识结构学习理论、斯金纳的程序教学理论、布卢姆的教育目标分类理论、戴尔的经验之塔理论等），但是，这些尝试多局限于对理论的探索，真正落到课堂教学实践层面的却很少，多数情况下，一线教师仍然把研究重点放在提问的技巧性上，并在问题的指向性和精确性方面下功夫，为了"引导"而"问"，真正"为了不教"而"问"，"不问"而"问"的研究还很少。而且，由于缺乏整体的布局，教师的着眼点更多局限在对知识的分解方面，因此，呈现的问题依然是"花费较短时间的即时思考型问题"（日本数学家广中平佑语），即使是在倡导以学生为主体的"以学定教""先

教后学"理念引导下的课堂上,依然没有改变问题繁、杂、小、碎的现象,"教"与"学"不和谐,甚至严重互相脱离。

为教之道在于导,为学之道在于悟,让学生学会思考是送给学生最好的礼物。然而,"没有长期思考型训练的人,是不会深刻思考问题的……无论怎样训练即时性思考,也不会掌握智慧深度。"(日本数学家广中平佑语)"数学是自己思考的产物,首先要能够自己思考起来,用自己的见解与别人的见解进行交换……但是思考数学问题需要很长时间……"(著名数学家陈省身语)因此,中小学数学课堂必须改变目前课堂教学"满堂灌""满堂问"的教学模式,要为学生提供充足的思考时间。

基于以上认识,我们提出了以"大问题"为导向的课堂教学研究,试图通过本研究,关注课程的主要内容,全面关注课程教学目标,改变课堂教学单一线性的逻辑结构,生成一种更开放、更灵活,多线分层并进的新的教学结构。

二、以"大问题"为导向的课堂教学的内涵

所谓大问题教学,是指根据学生的心理特点、学习经验以及学习困惑,采用一定的教学策略,对课程关系、问题引导、学习方式等进行系统处理,以求最大程度突破教学中主要矛盾的质量高、外延宽、问域广、数量精且挑战性强的问题。

大问题是"课眼",是"文眼",是课堂教学的主线,一般情况下,它是学生的学习疑点、教材的省略点、知识的连接点、数学思想的聚焦点,也是钻研教材的着力点。大问题强调的是问题的"质",它有一定的开放性或自由度,能够给学生的独立思考与主动探究留下充足的探究空间。大问题关注学生的差异发展,指向学生的问题意识,便于全面落实"四基"(基础知识、基本技能、基本思想、基本活动经验),能够改变传统课堂单一的线性结构,生成一种新的多线交融、分层并进的教学结构,具有思维的自由度和开放性,有利于培养学生的数学思维和数学语言。大问题有以下特点:第一,关注问题的"质",大问题必须触及数学的本质,不仅是知识和技能,还指基本思想与基本活动;第二,外延广,大问题具有一定的开放性或自由度,给学生的独立思考与主动探究充足的探究空间;第三,问域宽,大问题能照顾到不同层面的学生,能关注不同学生的发展;第四,少而精,找准了大问题,就意味着教者抓住了"课眼",纲举目必张;第五,挑战性强，大问题有一定难度，但也属于学生的"最近发展区"，学生跳一跳就能摘到"果实"；第六，是最重要的，大问题还必须是"有繁殖力的"，它可供迁移，可供生长，一般以问题开始，但不一定以问题结束。大问题能够催生出大量的新问题，就像一棵小苗，可以长成参天大树，还能结出累累硕果。有人将其特点描述为"非得要用十几个新问题才能解决一个老问题"，这个幽默的说法很好地揭示出大问题的另一个侧面。大数学家希尔伯特的比喻似乎更加直观地说明了什么是好的数学问题：一只"会下金蛋的老母鸡"。

以大问题为导向的数学课堂教学应该具有这样一些特质：课堂结构要清晰、明快、整体感强；教学素材要经济、高效、少而精练；时间控制要匀称、舒缓、恰到好处；活动展开要层层推进、环环相扣、要言不烦；教师上课要轻松、自如、胸怀全局；学生学习要愉快、主动、学有成效。

三、以大问题为导向的课堂教学结构

教学结构，指在一定教育思想、教学理论、学习理论指导下的，在特定环境中展开的，由教师、学生、教材和教学媒体四个要素相互联系、相互作用而形成的教学活动进程的稳定结构。它直接反映教师按照什么教育思想和教育理论来组织教学活动进程，它是教育思想、教学理论、学习理论的集中体现。以大问题为导向的小学数学课堂教学，由建立关系、提出问题、尝试探究、展示分享、共同概括、问题延伸六个阶段组成，形成了"以问开始，以问结束"的课堂新结构。

第一，建立关系：建立教师与学生、学生与新学知识之间的关系。

第二，提出问题：在多种方式下，师生共同提出并整理出大问题，并整体呈现。

第三，尝试探究：学生依据已有的知识经验和教材内容自主或合作学习。

第四，展示分享：充分利用黑板、实物展台、墙壁或其他空间展示学生的研究成果，在学生积极主动参与下进行分享，教师适时追问，引发深层次的对话和碰撞。

第五，共同概括：师生围绕大问题及其解决过程，共同参与梳理和提炼，得出结论，再次提出并解决问题。

第六，问题延伸：通过学生与学生、学生与教师之间共同设疑解答等多种形式，对知识进行巩固、深化和延伸。

创建大问题为导向的小学数学课堂，应从以下几个方面进行实施。

第一，教学内容求"精"。教师对教材的解读要独特而深刻，能够抓住重点，有机整合、前后连贯。选材可以不多，但所选题材要有典型性和针对性，要精选素材、巧用素材，努力做到一"材"多用、一"材"多变、一"材"多效，让每一份材料在课堂上都能发挥最大的效益。

第二，教学环节求"简"。教学力求思路清晰、过程简洁、目标明确、扣紧"主线"。所谓"主线"，也就是教学的重点和主干脉络，它是课堂教学的"魂"。"主线"清晰，有效组织教学就有了目标，课堂教学的结构和层次就变得清晰起来。

第三，教学方法求"活"。要灵活应变、言简意赅、深入浅出。以大问题为导向的数学课堂追求的就是有效教学，用多种手段唤起学生的生活经验，使课堂教学变得丰富，要求教师学会"做减法"，围绕教学目标取舍、整合、提炼。这种减法并不是简单地对素材和教学环节进行机械割舍，而是合理去除多余的环节和无效的程序，正确理解和把握教材。

第四，学习掌握要落"实"。一堂课下来要及时了解学生掌握知识的情况，通过有针对性的课堂练习进行检测，根据反馈情况及时进行矫正，做到当堂知识当堂清。

"优质的教育从来不肯迎合儿童当下的兴趣；优质的教育向来都是从适宜的高度引导学生。"用大问题引领教学，不仅能够带来课堂教学结构的变化，同时也必将带来教师研究视野的变化：即由数学知识、方法和过程的简单堆砌与叠加转向提升课堂的学科素养与数学气质。而一个数学教师如果能经常关注课堂的学科素养与数学气质，并把发挥数学的文化价值看成自觉追求，以这样的高度认认真真地上好每一堂课，即使是一个普通的小学数学教师，也会是一位真正的大师，一位"大气"的数学教师。

从统计过程到数据分析观念

"统计与概率"是小学数学教学的重要内容。近年来，随着对统计教学的不断探索和实践，人们逐渐认识到，对于统计学习而言，重要的不是画统计图、求平均数等技能的学习，而是发展学生的数据分析观念，这已成为数学界的普遍共识。那么如何引导学生参与统计活动的全过程？数据分析观念到底表现在哪些方面？尤其是作为教学导向和杠杆的考试如何体现"过程意识"和"数据分析"观念呢？笔者结合国内外"统计与概率"的一些习题，谈谈对以上问题的理解。

一、数据意识

数据不仅仅指数，只要蕴藏着一定的信息，无论哪种表现形式（包括图和语句）都是数据，有无实际背景是数据和数的重要区别。数据意识指遇到问题能想到用数据来解决，将现实问题转化为数据问题，包括收集数据、描述数据和分析数据，并根据情境选择合适的方法。

1. 中国习题案例

小静一家三口随旅游团去九寨沟旅游，她把旅游的费用支出情况制成了如下的统计图（如图1）。

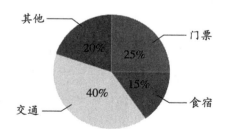

图1

哪一部分的费用占整个支出的1/4？若他们一共交给旅行社10 000元，那么在食宿上大概用去多少元？全家往返的路费共多少元？

2. 国外习题案例

(1) Wendy 想通过一个调查来知道哪一种冰淇淋口味在她们学校最流行。如果她在学校中任意抽样，哪种方法是最好的（A）

A. 从每个班级中抽 10 名学生

B. 从女子垒球队中选一些成员

C. 从男子篮球队中选一些成员

D. 选一些有自己喜欢的冰淇淋口味的学生

(2) Emil 想对一场主客场的足球比赛进行调查，看是否是最受欢迎的比赛。哪种方法可以给他最准确的结果（C）

A. 调查主场的拉拉队队长

B. 调查客场观众所戴的帽子

C. 调查在排队人群中的购票情况

D. 调查那些不是生活在主办城市的人

(3) 大卖场对在卖场进行消费的人做了一个调查。哪种方式能最好体现调查结果（C）

A. 在一个鞋店进行调查

B. 在所有的鞋店进行调查

C. 在商场的入口进行调查

D. 在卖场一公里外进行调查

【对比评析】

考查统计相关知识时，通常离不开数据与信息，中西方的不同之处在于，国内的考题比较偏重于对信息的分析与处理，而国外则偏重于数据的来源与搜集过程。正如国内的例子所呈现的，国内考题的数据是已经搜集好，并制作成了扇形统计图的，学生要做的只是从图表中观察数据、提取信息；而国外的考题都含有"调查"两字，说明他们比较重视对数据的搜集和整理。当面对复杂的问题情境时，他们力图通过考题引导学生形成一种"弄清问题、设计方案、搜集数据、分析解决"的思路和意识。从这个角度来说，国外教给学生的不仅是如何做统计，更重要的是在于引导学生如何做研究。

二、评价意识

评价意识是指学生不仅要阅读图示，还要对统计图中的指标、收集数据的方法、统计图是否合理、结论是否正确进行评价。

1. 中国习题案例

（看图回答问题）

某工厂有 5 个股东，100 个工人。工人的工资总额与工厂的股东总利润如下：

年度	工人工资总额	股东总利润
1990 年	10 万元	5 万元
1991 年	12.5 万元	7.5 万元
1992 年	15 万元	10 万元

该工厂老板根据表中数据，作出了下图（如图 2），并声称股东和工人"有福同享、有难同当"，你如何看待他的说法？

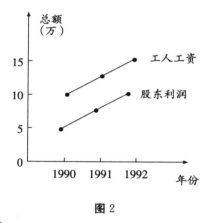

图 2

2. 国外习题案例

实验动物

一个动物福利团体想要表明当地一家研究机构在科学实验中所使用的各种动物的百分比，其信息如下表。

实验动物	狗	猫	猴子	小白鼠	大白鼠	其他
占实验动物总数的百分比	5%	10%	15%	48%	20%	2%

这是他们画的一幅画（如图 3）。

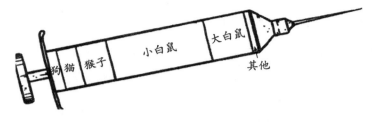

图3

（1）用一句话来解释这幅画为什么会如此引人注目，并凸显了实验动物所遭受的苦难。

（2）做研究工作的科学家制作了一幅扇形图，显示了同样的信息。请在下图中将每一个扇形所代表的动物标出来。

（3）这家研究机构每年使用50 000只动物。计算一下，以上每类动物各用了多少只？

【对比评析】国外习题案例是来自于澳大利亚一个真实的生活事例：动物福利团体把当地一家研究机构在科学实验中所使用的各种动物的百分比用针筒的形式表示出来，不仅形象地揭示了各种动物的大致比例，而且借助"针"这一儿童恐惧的形象，直观地反映了实验动物所遭受的苦难，非常引人注目。更重要的是，学生在补充和完善扇形统计图的过程中，自然地把扇形统计图与针筒式统计图相对照，在对比中学生领悟到，同样的数据可以有多种不同分析的方法，但适合具体的情境、并最具表现力的方法才是最合适的方法。而对于中国工厂股东画的统计图，如果只看统计图，会得到"工人工资总额1991年比1990年多了2.5万元，1992年也比1991年多了2.5万元"的结论，所以按横坐标是年份，纵坐标是总额画出来的是一条直线。而股东的总利润也是每年增加2.5万元，也是一条直线，这两条直线倾斜度是一样的，是两条平行线。从这个角度看，老板说大家"有福共享、有难同当"就是正确的。但事实上，由于起点不同，人数不同，人均的情况也不同，要想让结论较合理至少要补充下面两个统计图（如图4和图5）。

加入了不同年份所增长百分比和不同年份中个人收入信息的对比，才能得出客观公正的结论。可见，懂得分析数据，数据就是客观的；不懂得分析数据，数据就是无效的。因此，要用适当的方式来再现科学的信息值

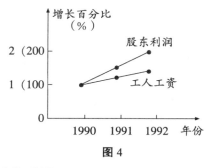

图 4

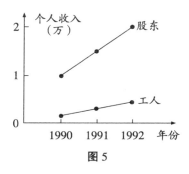

图 5

得我们重视。

三、决策意识

统计，就是用数据说话。所谓用数据说话，就是用数据解决实际生活中面对的问题或借助数据进行判断。它包含了两个方面的意思：第一，收集和分析数据本身不是目的，目的在于通过数据解决问题；第二，数据本身没有价值，其价值在数据背后，在于数据所说明的东西。所以，根据数据作判断是统计最为重要的环节。

1. 中国习题案例

下表中是测得的男、女两组同学的身高（单位：厘米）：

编号	11	12	33	44	55	66	77	88	99	110	111	112
男生身高	162	142	165	162	160	162	155	159	162	166	148	162
女生身高	149	155	140	149	157	149	154	149	149	142	149	142

如果要找出一些身高相符的男、女生做仪仗队成员，男生选哪几号，女生选哪几号更合适？

2. 国外习题案例

人类有超感知觉吗？

卡尔决定调查一下人是否有超感知觉。他设计了一种测试方法，只要用 3 张硬纸片。测试时，他只让人看到纸片背面，要求被测试人说出纸片正面写的是 A、B 还是 C。他给每个人测试 60 次，并把每个人的说对次数记在右面的茎叶图中（其中茎是十位数，叶是个位数）：

茎	叶					
0	7	9				
1	2	3	4	7	9	
2	0	1	1	3	3	9
3	2	4	9			
4	1	2				

（1）卡尔测试了多少人？

（2）假如一个人在卡尔的 60 次测试中每次都说出了自己的猜测，你认为他说对的次数最有可能会是多少？

（3）卡尔觉得被测试的人当中有 6 个人可能有超感知觉，他决定对他们再进行测试。

①写下卡尔第一次测试时这 6 个人的说对次数。

②选择一个统计量说明卡尔为什么选这 6 个人再次进行测试。

【对比评析】正如上文所说，数据的价值在其背后，数据能帮助我们提前预测、解决一些生活中的实际问题。应该说，国内外两个案例在这方面都做了有益的尝试。"挑选一些同样身高的男生和女生做仪仗队成员"，实质上是求男生和女生身高的众数，但题目并未直接表明求众数，而是结合实情，让学生自己进行判断。这种判断（用哪个数或哪个统计量更合适）是建立在理解各统计量含义基础上的。这种呈现方式结合实际背景，不仅赋予了知识的考查以现实意义，突出"用"淡化了"算"，同时也让学生真切地体验到了，统计不是纸上谈兵，它对生活是"有所裨益"的，进而能接受并喜爱统计。

国外的案例本身就是一个很有趣的话题，在这个案例中，命题者只将数据以一种"茎叶图"（西方一种流行的数据呈现方式，优点是可以很明显地看出各范围的数据）的形式来呈现，随后再分层次提出几个问题：第一个问题的目的是考查学生是否理解了茎叶图的信息；第二个问题综合性地考查了学生选择来描述这个信息的统计量，这与国内考题最大的不同在于这个考题没有标准答案。题目只问了"最有可能会是多少"，学生可以根据自己的理解选择平均数、众数或中位数来解释，只要言之有理就可以。

其实生活中有很多问题都没有唯一的答案，给孩子一点空间，让他们学会思考与明辨。使用问题是拓展性题目，先让学生把最高位的 6 个数字找出来，再通过平均数这一统计量的本质——数据本身趋向于平均分布的特点，引导学生选择使用"平均数"来解释最后一个问题。

四、实验意识

统计是以实验为基础的学科，实验是统计的主要方法，实验意识的培养和渗透是统计教学的重要任务。

1. 中国习题案例

小明和小丽把下面 8 张扑克牌打乱后反扣在桌上，每人每次任意摸 1 张，然后放回再打乱。请你为他们设计 3 个公平的游戏规则。

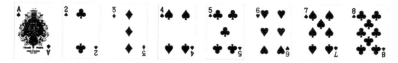

2. 国外习题案例

Celia 有一个混合装有 4 种不同硬币的容器，他想抽样估计他拥有哪一种硬币最多，哪种方式最好（D）

A. 从容器中拿一个硬币

B. 拿到每种硬币都有一个为止

C. 从容器中拿出 10 个

D. 在不看的情况下取出 30 个硬币

【对比评析】统计是离不开实验的。做对再多的概率习题，没有培养出一点实验意识，也只能说只是完成了习题而已。在这方面，国内和国外的命题都很注重渗透实验意识。国内案例通过孩子们喜欢的游戏形式，让他们设计公平的游戏，从而体会概率均等的本质；国外的案例则设计了一个抽样统计的模型，让孩子在感受概率实验的同时，还体会了研究大样本的过程。国内外的案例都很好地体现了实验意识的渗透，区别在于，国内的案例更注重于孩子喜欢的公平游戏；而国外的案例更具有前瞻性，希望通过练习题，让孩子的思维拓展到一种研究的高度，因为合理抽样统计是统计实验里最常用的方法。

如何收集数据？用什么样的图表来表示数据？如何表现数据变化的趋势？能从这些数据中得出什么结论？结论的可信度如何？实际上，回答这些问题的过程，就是让学生参与统计活动的过程。在这个过程中，学生可以更好地体会统计的作用，理解统计的概念，把握统计的内涵，从而形成统计的观念。这是国内外"统计与概率"习题给予我们最真切的启示。

利用部分突破整体

将 10、15、20、30、40、60 分别填入下图圆圈内（如图 1），使三角形每条边上 3 个数的积都相等（人教版课程标准实验教科书四年级上册）。

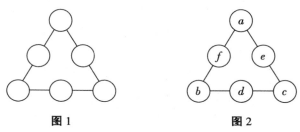

图 1　　　　　　　　图 2

教师教学用书是这样指导的：

先假设这 6 个圈里的数字分别为 a、b、c、d、e、f（如图 2），根据题意，可知 $a \times f \times b = b \times c \times d = a \times e \times c$，即 $a \times f = d \times c$，$f \times b = e \times c$，$b \times d = a \times e$，由此可得 $a:b=d:e$，$b:c=e:f$，即 $a:b:c=d:e:f$。观察题目中的 6 个数，如果分成两组：10、20、40，15、30、60，恰好存在着相同的倍数关系（如下图）：

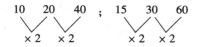

转换成比则为 $10:20:40=15:30:60$。

应该说教师用书的指导确实精到，但却存在一个难点，由于四年级的学生还没有接触比和比例的相关知识，不理解这种解法，因此对于很多小学数学教师而言，教参在这里并没有对教学提供实质性的帮助。

那么，如何让教学跳出"比和比例"知识的局限呢？众所周知，"整体"具有"部分"的属性，以此类推，图 2 应该具有图 3 的属性。图 3 中，如果每条线上 3 个圆圈里的数的乘积相等，则必然有 $f \times b = c \times e$。换言之，图 2 中 $f \times b$ 也应该等于 $c \times e$。

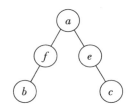

图 3

　　而这实际上已经表明了本题的解题思路：拿图 2 来说，先任意确定一个顶点，比如说 a 取 10，这样只需在剩下的 5 个数中取 4 个数，两两分组后使它们乘积相等，然后将最后那个数字代入剩下那个圆圈中，验算后即可得到符合题目要求的解。下面是笔者对此展开的教学实践。

　　1. 将 2、5、8、20、32 分别填入下面 5 个圆圈中（图 4），使每条直线上三个圆圈中的乘积相等。

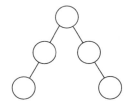

图 4

　　小结：先确定两条直线共有的圆圈里所填的数字，如果是 32，再将剩下 4 个数进行大小搭配，如 2 配 20、5 配 8。

　　2. 如果增加一个数，将 2、3、6、9、18、27 六个数填入上图 5 个圆圈中，使每行三个圆圈中的数的乘积相等，应该怎样填？你是怎样思考的？

　　方法同上，先确定两条直线共有的圆圈里所填的数，再在剩下的 5 个数里挑出 4 个数进行大小搭配。

　　3. 将 10、15、20、30、40、60 填入图 1 所示的六个圆圈内，使三角形每条边上 3 个数的积都相等。

　　（1）问：将 10、15、20、30、40、60 填入图 1 所示的六个圆圈内，使三角形每条边上 3 个数的乘积相等，如果是你，你首先会怎么填？

　　方法：先确定某个顶点上的数。

　　（2）问：假设顶点 a 上填 10，接下来你会填哪几个圆圈？为什么？

　　方法：接着会填 b、f、c、e，因为 a 中确定填 10，要使经过 a 的两条直线上的三个数的乘积相等，就要在剩下的 5 个数中挑出 4 个数，使它们两两搭配后乘积相等，显然只有两种情况：15×40＝20×30 和 20×60＝30×40。

（3）尝试验证：结果只有一种正确的填法（如图 5 左）。

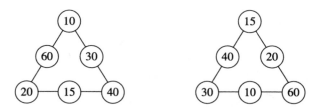

图 5

（4）拓展应用：如果 *a* 填 15，其他 5 个圆圈应该怎样填？（如图 5 右）如果 *a* 填 20，30……呢？（图 5 中的两个图依次以 60°为单位进行顺时针旋转）

（5）反思升华：你发现 10 和 60 始终在一条直线上了吗？10 和 60 能同时处在顶点上吗？为什么？

分析：假设 10 和 60 同时都在顶点上（如图 6），对于以圆圈 *c* 为顶点的两条直线，$c＝c$，$d＞10$，$60＞e$，这样 $60×d×c＞10×e×c$，显然这不符合题意。因此，如果想要以最大的配最小的，10 与 60 应该在同一直线上，但两者不能同时都出现在顶点上。

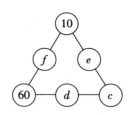

图 6

4. 拓展应用：根据上面的规律，试着做下题：将 4、6、20、30、100、150 分别填入下图圆圈内，使三角形每条边上 3 个数的积都相等，你有什么新的发现？

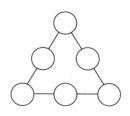

新发现：任何一个数都可以填在顶点；最小的和最大的两个数始终填在相邻的两个圆圈内；三个顶点上的数和三个边中点上的数存在相同的倍数关系；某个顶点上的数确定后，其他 5 个数两两分组后剩下的那个数就填在最先确定的那个顶点的对面……

将"问题串"变成大问题

以大问题为导向的数学课堂教学，宏观上看，是一种变革；微观上看，是一种策略。它是针对"小问题"充斥课堂、缺乏"大问题"意识的一种教学现状的变革；是一种着眼于学生未来发展、重视培养学生"问题意识"，使其具有提出问题、解决问题以及创造思维能力的教学思想的变革；是一种旨在改变传统教学方式的尝试；是一种倡导自主学习、合作学习、探究学习的新型学习方式的变革。以大问题为导向的数学课堂教学是一种指向明确、操作性很强的教学策略，我们就是要通过提大问题、解决大问题来进行一种教与学方式的改变。那么具体到每一节课该如何变革？有何策略？下面，笔者以"图形的放大和缩小"为例，谈谈自己的认识。

"图形的放大和缩小"的目的是要将其与认识比例结合起来教学，帮助学生在现实情境中领悟比例的意义。本节课的教学目标在于使学生初步理解图形的放大和缩小，学会利用方格纸把一个简单的图形按指定的比例放大或缩小。下面是一个传统的教学设计片段。

第一步，教师通过拖动鼠标，把一张长方形照片放大，并出示：第一张长方形照片的长是 8 厘米，宽是 5 厘米；第二张长方形照片的长是 16 厘米，宽是 10 厘米。

第二步，教师提问：放大前照片长是多少？放大后的长是多少？照片放大前后的长有什么关系？宽有什么关系？

学生独立思考，同桌交流，再进行全班交流，得出：把长方形的每条边放大到原来的 2 倍，放大后的长方形与原来长方形对应边长的比是 2∶1，就是把原来的长方形按 2∶1 放大。

教师进一步追问：这里的 2∶1 表示的是哪两个数量的比？我们既可以把一个图形按一定的比放大，也可以把一个图形按一定的比缩小。如果要把第一张照片按 1∶2 的比缩小，缩小后的长方形长和宽各应是原来的几分之几？各是多少厘米？

学生初步认识了图形的放大和缩小后，教师提问：把放大和缩小后的图形与原来的图形相比，你有什么发现？使学生认识到：放大和缩小后的图形与原图形相比，大小变了，但形状没有变。

从上面的案例描述中可以清楚地看到，教师围绕教学目标提出了一系列问题，引导学生从不同角度比较两张照片的长与宽的关系，从而认识"图形的放大和缩小"，教学环环相扣。同时，我们也看到，课堂教学把一个大问题分解成一串串的小问题，虽然步子小，环节多，难度变小了，坡度减少了，但同时学生克服坡度的能力也减弱了。苏霍姆林斯基曾经批评这种降低难度的教学："有的教师动了很多脑筋，力求把自己所讲解的一切东西变得明白容易、变得毫无困难，使得学生往往用不着再进行思考。"另外，这一系列问题都是教师提出来的，一问一答中，学生看似在进行思考，其实是被教师"牵着鼻子走"，学生的思维是被动的，因此"学生用不着思考"。长此以往，还如何提高学生的思维能力？如何培养学生的问题意识？有鉴于此，教学应化零为整、化繁为简，提出开放性的、直指本质的、涵盖教学重难点，具有较高水平的、以探究为主的大问题。如下面的教学片段。

首先，教师提问：关于"图形的放大和缩小"你都了解什么？学生的答案丰富多彩，有说用放大镜可以把图形放大的；有说在手机和电脑上可以把照片放大和缩小的；有说教师用投影仪可以把图形放大和缩小……甚至有的学生说到，图形放大和缩小后虽然大小变了，但形状不变，世界之窗的微缩建筑就是按比例缩小的，跟实际的比，样子没变，只是变小了等。

教师接着问：关于"图形的放大和缩小"你有什么问题吗？学生提出了一些很好的问题：怎样把一个图形放大和缩小？为什么图形放大和缩小后大小变了，但形状不变？图形的放大和缩小有什么规律吗？

接下来，教师为学生呈现了大、中、小三幅国旗图和数据（见图1），并提问：为什么这几面国旗大小变了，形状却没变？你发现了什么？（学生小组讨论，教师巡视指导，学生通过比一比、算一算，组内讨论交流后，上讲台向全班进行汇报展示）

悟 在 课 堂

我们国家不同规格国旗的尺寸也和放大和缩小有关，这是符合《中华人民共和国国旗法》规定的几种国旗的尺寸。

长/厘米	144	96	48
宽/厘米	96	64	32

图1

有的小组说：中号的国旗和小号的比，长扩大了2倍，宽也扩大了2倍。从比的角度说，中号国旗和小号国旗的长的比是2∶1，宽的比也是2∶1。

有的小组说：大号的国旗和小号的比，长扩大了3倍，宽也扩大了3倍。大号国旗和小号国旗的长的比是3∶1，宽的比也是3∶1。

有的小组说：大号的国旗和中号的比，长的比是3∶2，宽的比也是3∶2。

有的小组说：反过来看，小号和中号的比，长是原来的1/2，宽也是原来的1/2。从比的角度说；小号国旗和中号国旗的长的比是1∶2，宽的比也是1∶2。

······

教师适时指导："谁能把大家发现的总结、归纳一下？"

有的说：我发现，不论是大、中、小号国旗，长和宽的比都是一样的，都是3∶2，所以图形大小变了，形状不变。

有的说：我发现，不论是扩大还是缩小，对应的边长的比是相等的，所以图形大小变了，形状不变。

······

教师围绕教学目标一共提出了三个大问题，虽只有几个问题，但每一个问题都具有开放性、思考性和生成性。首先，通过提第一个问题，让学生把教学内容与生活经验和已有知识基础联系起来，然后，让学生自己提出问题，不仅明确了学习目标，而且培养了学生的问题意识和主动思考的习惯，最后，教师为学生创设了一个观察比较三面大小不同的国旗图的问题情境，提出一个突出问题本质，且覆盖教学重难点的大问题：为什么这几面国旗大小变了，形状却不变？你发现了什么？这是一个发散性和探究性问题，有一定的广度和深度，给学生创造了较大的思维空间，提供了自主探索和自我体验的机会。学生通过观察、思考等学习方法，自己发现了图形放大和缩小的本质特征和规律。"亲历"数学概念形成的过程，不仅使学生对"图形的放大和缩小"有深刻的体验，便于为学习比例建立模型，同时，在学习过程中提高了学生提出问题、分析问题、解决问题的能力，而且，师生共同分享了思考和交流的喜悦，创建了开放、灵动、积极主动、富有生命力的课堂文化。

总之，课堂教学不论怎样变革，都要以学生发展为本。在以"大问题"为导向的数学课堂教学中，应采取化繁为简的教学策略。创设问题情境时，化繁为简，变"问题串"为"大问题"，教学结构上也力求化繁为简，变"多环节"为"大板块"，给学生创设更大的空间去自主探索、动手操作与合作交流，使学生的思维变得更加主动、灵活、广阔和深刻，使教学更有利于培养学生的良好思维品质，更有利于学生的未来发展。正如黄爱华老师所言：知识不等于智慧。事实上，教学不等同于发展，但"大问题"教学却蕴含着大智慧，孕育着"大发展"。

"堵"不如"疏"

　　每个学生都有一定的知识和经验基础。奥苏伯尔曾指出，影响学生学习的最重要因素是学生已经知道了什么，我们应当根据学生的原有知识状况去教学。

　　但面对孩子的已有知识基础，有时不一定是好事。比如下面这个例子就颇有"掩耳盗铃"的意味。

　　师：你知道三角形的内角和是多少吗？请猜猜看。

　　生1：老师，我猜应该是178°。

　　师：真聪明。还有谁想猜？

　　生2一听心领神会，立刻举手：老师，我猜是182°。

　　……

　　我相信，这两个孩子应该知道"三角形的内角和是180°"。之所以出现上述教学现象，问题在于教师，教师明明都知道孩子是了解这个知识的，还要故意去问，去"堵"。

　　与其"堵"，还不如"疏"。

　　将问题设计进行优化后的片段如下。

　　师：孩子们，我们今天一起研究三角形的内角和，大家知道什么叫内角和吗？

　　生1：内角和，会不会是把三个角加起来的和呢？

　　师：是呀，你的直觉很对，三角形各个角的度数之和就叫三角形的内角和。关于三角形的内角和，你都了解哪些呢？

　　生2：三角形的内角和是180°。

　　师：回答得真好，你是从哪里知道这个知识点的？

　　生3：我妈妈告诉我的（一下子又有7、8双手举起来了）。

　　生4：老师，我也知道，我是从书上看到的。

师：看书是获取知识的一个重要途径。你来说（指另外一个同学）。

生5：我上中学的哥哥告诉我的。

生6：老师，我昨天预习知道的。

师：预习可是一个好习惯。看来大家已经对三角形的内角和有了一个初步的了解，不过现在还不能说是正确的。老师怎么觉得三角形内角和是190°呢？（板书这句话）

（学生听了，又急又气，大喊大叫说不对）

师：好，大家都别再多说了，实践出真知，要拿出点证据来说服大家。现在4人一小组，拿出信封里的材料去研究，研究完了告诉我结论（学生极其认真地动手操作、研究，教师适当指导）。

这是一个精彩的教学片段，它表明，在进行问题设计的时候，"堵"的确是不如"疏"。

"知道"并不是数学课的最终结果，我们还得帮助学生"知其所以然"。《义务教育小学数学课程标准（2011年版）》指出："教师应激发学生的学习积极性，向学生提供充分从事数学活动的机会，帮助他们在自主探索和合作交流的过程中真正理解和掌握基本的数学知识与技能、数学思想和方法，获得广泛的数学活动经验。"

直面孩子的已知，有时知道比不知道更好，不知道的情况下进行的探索是盲目的，已知使学生的操作目标更明确，也能让孩子在更高的层次上展开新的研究，促使孩子去思考如何从不同角度去论证结论，使其获得更多的知识和能力。

"堵"不如"疏"，某种意义上讲，直面学生的认识基础进行问题设计，能够激发学生的求知欲望，促进学生的思维发展，同时，能彰显数学课堂的深度。

遗憾的后面是风景

"可能性"是北师大版课程标准实验教科书三年级上册的内容，其主要目标是让学生初步体验，有些事件的发生是确定的，有些事件的发生是不确定的，而且不确定事件发生的可能性也有大有小。由于随机观念的渗透更多的是一种体验性教学，因此，教学时应设计丰富、有层次的操作活动，让学生在活动中进行观察、猜测、试验、验证和交流，丰富其对不确定现象和可能性大小的体验。基于这一认识，一位教师设计了由浅入深的三次操作。

1. 第一次摸球

师：老师给同学们带来了一个礼物（出示"福娃"）。同学们认识吗？喜欢吗？（生答略）可是老师带的礼物不够多，送给哪些同学好呢？

生：送给守纪律的同学。

生：送给表现好的同学。

师：看来平时老师的奖品更多的是奖给了守纪律和听讲的同学。今天老师想改变一下，我想把礼物送给运气好的同学。

（学生睁大了眼睛）

师：老师这里有 6 个盒子，里面分别装有黄球和白球。首先请每个小组派组长上来任意挑选一个盒子，接着，做摸球游戏。谁摸到了黄球，我们就送他一份礼物，你们同意吗？

（学生做实验，结果第一小组全部摸到了黄球，另外五个小组没有一名同学摸到黄球）

师：现在给第一小组的每个同学都送一份福娃，同学们同意吗？

生：老师，我有一个疑问。怎么我们小组摸了 6 次，没有一次摸到黄球，可是第一小组每摸一次都摸到黄球？我怀疑他们的盒子和我们的不一样。

师：你觉得会有什么不一样？

生：我觉得他们盒子里装的全部是黄球，我们的盒子里一个也没有。

打开一看，果然如学生所说。在此基础上，教师引导学生研究"一定"和"不可能"。

2. 第二次摸球

（调整实验方案：把3个黄球和3个白球分别放入1个盒子，共6盒，组织第二次摸球活动）

师：你想摸到什么球？

生：黄球。

师：你们猜他可能摸到什么球？

生：白球。

（学生摸到的却是黄球）

师：如果接着摸，你们猜他可能摸到什么球？

生：白球。

（学生摸到的又是黄球，教师问，学生答，又接着做了两次，第四次终于摸到了一个白球）

师：终于摸到了白球。

……

3. 按要求将果冻装袋

教师出示装袋要求——将桌上不同口味的果冻按下面的要求装成3袋：第一袋中一定不要出现苹果味的；第二袋中任意挑选一个一定是苹果味的；第三袋中任意挑选一个可能是苹果味的。

学生以小组为单位装袋。

装袋时发现学生装第三袋的结果很一致，全班同学都是按苹果味、香蕉味、鸡蛋味各2个装袋的。教师组织学生交流，交流完毕，下课铃也响起。

反思上述案例，虽然只节选了三个小片段，但从这三个小片段中仍然可以感受课堂的特色与亮点，"用摸球确定礼物归属"有效地激发了学生的参与欲望；摸球方案的不同凸显了学生的情感；"小小装袋员"的活动将数学与生活有机地融合在了一起……课堂教学看上去似乎没有缺点，但是仔细思考，却感觉教学缺少了什么。

悟 在 课 堂

首先，把礼物送给运气好的同学是否有失教育的公平性。"用摸球确定礼物归属"需要设计公平的方案。班上六个小组摸球，只有一个小组可能摸到黄球，对于其他五个小组，显然是不公平的。随后虽然调整了方案，但为了自己教学的需要，教师利用学生的情感，将学生引入自己预设的"陷阱"，这无意中也向学生传达了一个信息：老师有时候是不可信的。作为一名教师，我们应该时刻铭记朱光潜先生的话："要求人心净化，先要求人生美化。"

其次，不确定事件研究的对象到底是客观事件还是主观愿望。在第二个片段中，教师指定一个学生摸球，并连续四次询问其他学生，可能摸出什么球，学生连续四次回答白球，为什么呢？这可能是学生自己的思考：盒子里共有两种球，且数量相等，因此，从不透明的盒子里摸球，自然既可能是黄球，也可能摸到白球。同时也有可能学生猜测白球完全是出于主观愿望，一是摸到黄球能得到老师的礼物，而礼物数量有限，不排除学生的潜意识里不希望其他同学摸到黄球；二是学生与生俱来的"赌徒逻辑"。以抛硬币为例，如果前 100 次都是正面朝上，那么第 101 次，赌徒就会认为一定是反面朝上。在这个角度理解前几次摸的都是黄球，那么下一次就当然会摸到白球，是由于他们对随机概率存在认识上的偏差。具体来讲，他们不理解前后两次摸球是两个独立事件。上一次摸球发生与否，对下一次的概率也没有影响；反之，下一次摸球是否发生，也对上一次摸球的概率没有影响。换言之，要从 3 个黄球 3 个白球里摸出 1 个球，每一次摸出黄球或白球都是可能的。

作为统计与概率教学的起始课，如果不能给学生讲独立事件，也可以引导学生进行这方面的思考。

既然如此，教师该如何消除先前学习对当前学习的消极影响呢？笔者认为，在展示交流后，教师有责任且应该出示另一种装法，如 1 个苹果味、2 个香蕉味、3 个鸡蛋味的，并询问学生："这样可能摸出苹果味的吗？"有了这样的过程，即可解决上述问题。

"教学是一门遗憾的艺术"。但遗憾的后面是风景。指出教师课堂教学过程中的不足，意在提醒教师，任何一节课，不管多么精彩，在课后反思的时候，总会发现一些缺憾。然而教学水平正是在不断弥补不足和遗憾的过程中得到提升的。

从分解新知到方法引领

课标实验教材多采用情境导入，很少设计复习铺垫，是否意味着课堂上不应复习旧知识？答案是否定的，但怎样复习，着眼点在哪里却很值得讨论。笔者以北师大课程标准实验教材五年级上册的两个案例教学为例，谈谈对此的体会。

案例1："分数的基本性质"

复习导入

1. 口答：（放投影片）

①根据 $120 \div 30 = 4$，不用计算直接说出结果：

$(120 \times 3) \div (30 \times 3) = $ _____；

$(120 \div 10) \div (30 \div 10) = $ _____。

②说一说依据什么可以不用计算直接得出商？

2. 将下面的除法转化成分数，分数转化成除法。

$2 \div 3 = $ _____；

$12/17 = $ _____ $\div$ _____。

分数可以转化成除法，而除法有"商不变"的性质，即被除数和除数同时扩大（或缩小）相同的倍数，商保持不变。分子相当于被除数，分母相当于除数，被除数和除数同时扩大（或缩小）相同的倍数，也就是分子与分母同时扩大或缩小相同的倍数时，分数值也应该不变。这样的复习能帮助学生迅速找准新知识的生长点，打牢知识基础，扫除学习障碍，使新知识的教学更加顺畅。但由于这种导入对旧知识的复习的着眼点在于分解新知识的教学要素并降低新知识的学习难度，因此没能给学生提供检索头脑中有用信息的机会，削弱了探索新知识的挑战性，降低了学习热情，不利于开展有个性的思维活动。因此，不妨把复习着眼点设置高一些。以"梯形的面积"课堂导入为例。

案例2："梯形的面积"

师：同学们，这节课我们接着研究平面图形的面积。之前我们已经研究了哪些规则平面图形的面积？

生：正方形、长方形、平行四边形和三角形。

师：当时是怎样研究的？

生：研究长方形和正方形是用面积单位去度量，有多少个面积单位，面积就是几。而研究平行四边形时，是用切割和拼合的方法把它转化成长方形。

师：那么三角形呢，我们是怎样研究的？

生：是用两个三角形，采用倍增的方法，算出两个三角形的面积，然后再算出一个三角形的面积。

师：好！这节课我们就研究梯形的面积。你们打算怎样研究它的面积呢？

（生答略）

很显然，与前一个案例不同，本案例中教师没有把着眼点放在分解新知的教学要素和降低学习难度上，而是从思想方法层面上进行引领，既给予学生必要的帮助，又保证了大的探索方向，使有限的课堂时间聚焦于教学重点，同时并没有压缩学生的思维空间，而是让学生有充足的时间和空间开展个性化的自主探究。

基于核心思想的加工改造

"圆的周长"（人教版课程标准实验教科书六年级上册）一课本身的教材设计是一个小朋友绕圆形花坛骑了一圈，问这个小朋友共骑了多少米，从而引出圆的周长。有两位教师在钻研教材的基础上，对教材进行了改造，下面是他们的教学设计。

案例一：

（复习周长的概念后，教师出示一枚硬币）

师：这个硬币的周长是多少？你有什么办法知道它的周长？

生：把这个硬币绕着直尺转动一圈，用终点的刻度减去起点的刻度，得到的差就是圆的周长。

生：用一根绳子沿着硬币的边线绕一圈，量出绳子的长度，也可以得到圆的周长。

（出示电风扇）

师：电风扇的扇叶转动，它的末端转动时会形成一个什么图形？

生：圆形。

师：要求这个圆的周长你有什么好的办法？

（生沉默）

师：刚才测量硬币周长的几种方法还行得通吗？

生：行不通。因为扇叶末端转动形成的圆，是我们在头脑中想象出来的一个圆，现实中这个圆是不存在的。因此，不能沿着直尺滚，也不能用绳子去绕。

师：可是要想知道扇叶末端形成的圆的大小怎么办呢？

生：圆的周长要是和正方形、长方形一样，也有一个计算公式就好了。

师：说得很好。今天我们就来研究圆的周长的计算公式。请同学们拿出老师事先为你们准备好的圆片，测量它的周长和直径，并填写实验表，

想一想周长和直径有什么关系？

可以肯定地说，教师对教材的改造费了一番心思，这突出表现在教师对公式的研究。正如在课例中呈现的，滚动法和绕绳法可以测量生活中比较小的圆形或圆形物体的周长，但对于一些较大或需要头脑加工想象的圆，滚动法和绕绳法就暴露出其局限性，因此应构造一种周长公式，用硬币和风扇代替教材创设的情境，更简便易行，方便操作。不过，上述改造存在明显的不足，表现为学生操作的目的性不强。学生没有关于周长和直径的体验，教师却让学生直接测量，因此学习不是学生的意志，不是学生自觉的行为。

"学生的学习应像呼吸一样自然。"上述教学却显得生硬。之所以这样，表面看来是教学设计的问题，但更深层的原因在于教师没有看到教材中蕴藏的数学核心思想。那么"圆的周长"这一章节蕴藏了什么数学核心思想？教师如何体现这种思想呢？下面引用一个案例谈谈对这个问题的理解。

案例二：CAI课件呈现两个正方形。

师：这两个正方形中哪一个的周长大？为什么？

生：第二个正方形的周长大，因为它的边长大于第一个正方形。

生：因为正方形的周长等于边长乘4，第二个正方形的边长比第一个正方形的边长大，所以第二个正方形边长的4倍就比第一个正方形边长的4倍大。

（CAI课件呈现两个圆）

师：这两个图形哪一个周长大一些？

生：第一个圆。

师：你是怎么知道的？

生：因为圆的半径决定圆的大小。半径越大，圆就越大；圆越大，圆的周长就越大。

生：半径大也可以说是圆的直径大，所以圆的周长也和圆的直径有关。

师：同学们回答得很好。圆的周长和圆的半径或直径有关，那么它们到底是什么关系呢？

生：半径越大，直径越大，周长就越大。

师：刚才我们说了，正方形的周长是它边长的4倍，那么圆的周长是不是也有这样的倍数关系呢？

（生答略）

师：要想知道是不是也有这样的倍数关系，我们应该怎样做？

生：可以测量几个圆的周长和直径，用周长除以直径，看商是不是始终等于一个固定的数。

师：如果始终等于一个固定的数呢？

生：那就说明圆的周长与直径和正方形的周长与边长一样，也有一个固定的关系。

圆的周长与直径或半径有关：直径（或半径）越大，周长越大；周长约是直径的 3.14 倍，这里包含着一种很重要的思想——函数思想。在第二个案例中，函数思想得到了很好的铺垫。通过比较两个正方形的大小导入课程，简单的提问不仅能让全体学生都参与学习，同时为后续学习做好知识和方法上的准备。正方形的周长与边长有关，通过类比，学生逐渐探索出，圆的周长和直径有关，且具有固定的倍数关系，在类比中，不仅找到了研究的方向，即测量圆的周长和直径。同时，在正迁移的过程中，也掌握了利用已知推求未知的方法，以及做实验观察数据寻找规律的研究思路和函数的思想。

针对当前数学课堂缺失"数学味"的现象，曾有数学专家语重心长地指出："当前课堂教学的最大问题不是教学方式的问题，而是教学内容是什么的问题。"

悟

在

课

堂

让小组分工真正成为学生的一种职责

合作学习是新课程改革倡导的一种学习方式，是实现学生学习方式转变的着力点。但是当走进中小学课堂时，会发现合作学习变成了"合坐"，学生普遍参与度低，且热情不高。如何深入实施合作学习？如何让小组分工真正成为学生的一种职责？笔者结合黄爱华（全国著名特级教师）"平均数"的教学谈一些体会。

片段回放：

师：我现在不要求每个组做得有多快，但要求每组的 6 个人都能算对。请组长落实，开始。

（生自由算，教师巡视，提醒学生，如果觉得组长太忙，组员也可以互相帮忙。一分钟后，教师请落实的小组长站起来）

师：全部都落实了吗？（询问组长）组长，在这个过程当中，你们小组有没有人因为得到你的帮助才解决了问题？

生：这个人。

师（纠正）：不要说是这个人，应是你的同学，"我"的同伴，有什么问题吗？

生：他的这个 0 与 4 相乘——

师：不如和他拿着本子一起上台说一下。

（学生上台的间隙，教师开解）

师：没有人是全知全能的，谁都会有知识盲点，这没关系，请说吧。

（实物展示平台，投影如下图）

$$
\begin{array}{r}
4\ 0\ 9 \\
\times\qquad 5 \\
\hline
2\ 2\ 4\ 5
\end{array}
$$

生：0乘以5等于0，在十位数上他没有加上进上来的4。

师：最开始他在十位上写的是什么？

生：0。

师：这个同学最初写的是0？五九四十五，写5进4，他在十位数上写的是0？

生：是的。

师（面向另外一个男生）：现在知不知道这里应该写4了？

生：知道了。

师（面向组长）：组长，你落实了吗？

生：落实了。

师：其实你没落实，再看看你落实了没有？

（组长没有发现）

师：五九四十五，写5进4，十位上写4，后来怎么成四五二十二了？

（组长解释不清）

师：4乘5怎么得22呢？这个2是哪来的？四五二十，你是不是想四五二十，然后要进一个2，但是这个2要写在千位才对的。四五二十是20个100，应该是2 000，这里应该是0吧？是不是？

（生领悟地点头）

师：同学们，你们看懂了吗？

生：看懂了。

师：我觉得这个同学非常了不起，他出了一道很有水平的题目。你们看，409乘以5，我要把它写在黑板上作为今天的板书，乘5时，第一步他就提醒大家，五九四十五，写五进四。他开始就有意识地把它错写成0，让组长去落实，结果组长落实了，这个地方应该写4。接下来他又开始考验小组长了，四五二十，我要进2，所以就是22。他又开始考验小组长了，看你落实了没有？组长，请过来落实一下。

（生有些为难，老师解困）

师：唉，组长不好当，组长不好当啊。

生（指着千位）：我觉得这里他还应该再写一个2。

师：他说得对，组长就是组长，还是有水平的！他说四五二十，20表示20个100，所以你认为这个2应该写在千位数这里，那这个2就不应该

写这里了，对不对？这个 2 还应不应该要？

生：下面也应该改成 0。

师：没错。这个题目真是非常好！这是我今天见过的最好的一道题。来，这里应该写哪个数字？

生：0。

师：接下来四五二十，写 0 进 2，2 在这里，然后 2 移下来了，是不是？像这个 2 平时我们习惯上可以不用写的，直接四五二十就可以了。我们把这个 2 擦掉。

$$
\begin{array}{r}
4\,0\,9 \\
\times \quad\ \ 5 \\
\hline
2\quad 4\quad\ \ \\
\hline
2\,0\,4\,5
\end{array}
$$

师：你今天很好地考验了你的小组长，也让我们全班同学都有收获！谢谢两位，请大家为他们鼓掌。

（全班鼓掌）

师：这个小组长在抓落实的过程中发现了非常重要的问题，你们听到了没有？（师指着黑板上的 508×4）会不会？请看黑板，如果刚才那道题你已经懂了，那么这道题你就应该会做了。

……

合作学习是一种以异质小组为基本形式，以小组目标达成为标准，以小组成员相互依赖的合作性活动为主体，以小组总体成绩为评价依据的互助性学习。学生之间的相互配合，共同完成任务时的分工和责任，小组成员间的信任，对完成的任务进行加工和评估，并寻求提高其有效性的途径是小组合作学习有效实施并取得成功的有效保证，这在上述案例中表现得非常突出。

首先，学生小组合作学习后，教师没有走过场，而是询问在合作学习过程中，有没有人得到帮助，并让学生讲互助的问题与过程。从案例中可以看出，受助学生错误的原因是"0 乘 5 的积没有加上进位的 4"。这是教学的难点，也是关键，因此让组长回顾帮助组员的过程既是对重点和难点的一种回顾，也是对组长职责的一种提醒。

此外，计算百位上的 5 乘以 4 时，学生把进位的 2 写在百位上，因此变成四五二十二，这是教学的另一个难点，也是学生容易忽略的地方，教学实践也证明了这一点。教师敏锐地觉察到了这一点，因此反复询问学生："你落实了没有？"从而将教学引向另一个关键点：百位上的数与乘数相乘，进位的数应写在哪里。

美国明尼苏达大学合作学习中心研究成果表明，积极的相互依赖关系、面对面的相互促进作用、个人责任、社交技能或合作技能、小组内部的自我评价是有效开展小组合作学习的五个关键因素，它们在上述教学片段中都得到了精彩的演绎。

悟

在

课

堂

从"平均数"的教学看合作调控艺术

作为新课程改革重点主张的学习方式，合作学习愈来愈被一线教师所接受。但是，随着实践的逐步深入，深层次的问题开始凸显，如探究内容分散了，教师应如何处理分散探究视点与整体思考科学结论的关系？既然强调学生自主合作，教师又应以怎样的心态直面学生的讨论？如何避免合作学习成为优秀生表演的舞台和"后进生"的避风港？笔者以黄爱华（全国著名特级教师）"较复杂的平均数"一课为例谈谈自己的体会。

片段回放：

1. 分组探究

（环保小队共有 10 名同学，男生平均身高 142 厘米，女生平均身高 140 厘米，这个小队的平均身高是多少厘米？学生有三种猜测：①141 厘米；②高于 141 厘米而低于 142 厘米；③低于 141 厘米而高于 140 厘米。针对三种猜测，教师组织学生分组探究）

师：工作纸在你们的桌面上，你们研究的时候，可以随时叫我。

（学生开始研究，教师不停地在各个小组之间巡视，约 7 分钟）

2. 同伴交流

师：同学们，汇报之前，请大家再思考一下你的结论有没有写清楚，等一会儿汇报时大家能不能马上就明白。记住，我们最后要评哪个小组是最厉害的！

（生再一次斟酌）

师：我很高兴看到有些小组每个人都写了结论，组长还把它们综合在了一起，非常好！不过我还想知道的是，刚刚在我们小组共同研究的过程中，你做了什么？参与讨论还是参与计算了？还是动笔去写了？你们组刚才得出的结论是什么？同桌之间可以聊一聊，分享一下自己小组的结论。

（生交流，师巡视）

师：停！刚才我们说了，你这个组是全班 8 个小组中的一个组，你们研究的只是一种情况，这个时候再想想，别的小组可能会得出怎样的结论呢？

（生独立思考后交流）

师：我发现很多同学都已经跃跃欲试了：快点让我们来分享吧，快点让我们看看别的小组研究的情况吧。好的，现在我们分情况依次上来汇报，每组选一个代表。

（生点头同意）

师：我们先请第一种情况的小组。哪几个组是研究第一种情况的？（生举手）来，到前面站好！现在有 4 个小组，他们都是研究男生 5 人、女生 5 人的，大家想一想，他们研究得出的结论应该是多少？

生：平均身高是 141 厘米。

师：这是猜想，通过计算得出来也应该是 141，是这个意思吗？

生：是。

师：好。我们一个组一个组地来看。来，请你站这里，拿着话筒。

生：大家好，我们研究的是第一种情况，男生 5 人，平均身高 142 厘米，女生 5 人，平均身高 140 厘米，我们的猜想是小队平均身高是 141 厘米。我们的验证是（142×5＋140×5）÷10＝141 厘米。我们的结论是当男女生人数相等的时候全组人的平均身高就等于男、女生平均身高的和除以 2，如果人数不相等就不能这样算。

师：那你们这样算了吗？

（生迟疑）

师：我问你两个问题。验证的过程我们刚才都听到了，算式大家都看到了没有？

生：看到了。

师：通过算式我们看到，计算出来的得数确实是……

生：141 厘米。

师：141 厘米符合你们的猜想吗？

生：符合。

师：那么你的意思就是说，当男女生人数相同的时候，求整队人的平均身高除了你列的这一种算法，也可以把男女生的平均身高加起来除以 2，是不是？你们还特别强调，如果人数不等，就不能这样算。请给他们掌声！

好，我们再看另一个小组。

生：大家好，我们是第六小组，我们算的也是第一种情况：男生5人，平均身高142厘米，女生5人，平均身高140厘米。我们的猜想是小组的平均身高是141厘米。我们验证的过程是（142＋140）÷2＝282÷2＝141厘米。我们的研究结论是……

师：请你稍微等一下，他们列的算式跟前一组是不是一样的？

生：不一样。

师：我刚刚问有没有这样算的，他们就是这样算的。看起来多轻松，只需列出（142＋140）÷2就可以了，再看一下他们的结论。

生：我们的结论是当男生与女生人数相同时，把男女平均身高相加除以2就可以得到环保小组的平均身高。如果人数不同，不能这样计算。

师：他们有共同的想法，是不是？好！给他们掌声。有请第三位同学。

生：大家好！我们是第二小组的。

师：我想问你们，有没有必要把前面整个过程全部再说一遍？

生：不用了。

师：能不能给我们分享一些你们小组独特的想法？

生：我们认为（男生平均身高×男生人数＋女生平均身高×女生人数）÷总人数＝小组平均身高，这一算式是任何情况下都通用的，它没有凸显出男、女生人数相等这一条件的特殊性。如果男、女生人数相等，我们觉得用平均身高的和除以2更简便。

师：你们不仅归纳了自己独特的想法，还总结出了一个通用的数量关系。非常好！下一组。

（第四个学生刚准备发言，老师插话）

师：有压力吗？对第四个发言要求可是最高的。

生（摇头）：大家好，我们的结论和其他小组大致一样，不过我们验证的过程不同。我们用了两种方法验证：方法一，平均身高加起来除以2，列式是（142＋140）÷2＝141厘米；方法二，用男同学的总身高加女同学的总身高除以总人数，列式是（142×5＋140×5）÷10＝141厘米。用两种方法计算后发现，如果男女生人数相等，是可以直接用平均数除以平均数的份数的。

（生热烈地鼓掌）

师：我们回顾一下，四个小组都汇报过了。他们都是研究男生5人、女生5人的情况。现在我们再来看男女生数量不相同的时候是怎么样的，哪几个组研究的是第二种情况？

（生答）

生：大家好，我们是第七小组的，我们研究的是第二种情况。男生8人，女生2人，我们猜想小队的平均身高应该在141厘米到142厘米之间。经过计算，结果是141.6厘米，我们的结论是，如果男生多女生少，小队平均身高最大可能是141.6厘米。

师："最大可能是141.6厘米"是什么意思？能具体说说吗？

生：因为男生多女生少不是只有男生8人和女生2人这一种情形，男生7人、女生3人或男生6人、女生4人也属于这一种情况。在所有情形中，141.6厘米应该是平均身高数值最大的。

师：好的，我们来看看下一小组。

生1：大家好，我们是第一小组的，我们研究的是第二种情况。我们猜想平均身高是141～142厘米。我们验证的结果是，小队的平均身高是141.2厘米，这的确是在猜想的范围之内，并且我们发现男生越多，平均身高就越大，就越接近142厘米。

师：大家注意到没有，这一个组的结论是多少？

生：141.2厘米。

师：刚刚前面那个组呢？

生：141.6厘米。

师：要是把这两个组的结论联系在一起分析，你有什么新发现？

生：正如第一小组所说的，男生人数越多，平均身高就越接近142厘米。

师：联系起来思考是一种方法，更是一种智慧。谢谢你们，请给他们掌声。接下来看第三种情况。

（第三种情况交流略）

3. 梳理提升

师：（掌声）谢谢你们！我们利用了较多的时间去验证、讨论并分享了大家的结论，现在请大家回过头来想一想，总人数没变，男同学和女同学的平均身高都没有变，为什么8个小组算出来的得数却不相同呢？

生：男生与女生具体的人数变了。

师：也就是说算出的平均数不同是受到什么因素影响的？

生：受到具体人数的影响。如果人数相同，平均数就刚好在两部分平均数的中间；如果人数不同，男生越多平均数越接近142厘米，反之就越接近140厘米。

师：非常好。最后请同学们回顾一下你们小组验证的是第几种情况，得出的结论是什么，再回忆一下别的小组的研究情况，整体思考一下。

……

意识是行动的先导！首先必须着重指出的是，在探究过程中黄老师并没有简单地认为，只要学生研究，就一定有结论。相反，教师不时提醒学生，有问题可以找他。在学生分组探究时，教师不停地在各个小组之间巡视，与学生对话、交流，并引领学生。正是由于教师的参与，孩子们最后得出的那许多有分量、有价值的结论才有了一个从模糊到清晰到最后明朗化的过程。

其次，学生得出结论后，教师没有让其直接汇报。而是有意识地"压"住那些跃跃欲试的学生，让同座位的同学思考小组得到的到底是什么结论，别的小组可能得出什么结论，这两个环节费时不多，效果却很明显，它真正地使班级成为一个学习共同体，让所有学生都参与进来。

最后，在小组汇报时，教师一方面要求学生汇报自己独特的想法，另一方面也非常注意统领。这在两个方面表现得非常突出。第一，在研究同一种情况的几个小组的结论时教师让学生整体进行分享。让学生将小组之间的结论联系起来进行分析，进而促使学生从整体上思考。第二，在研究不同情况的几个小组的结论时，黄老师注意适时地"拎"和"收"。三种情况都分别交流后，教师通过启发性的提问将思考的重点指向这节课的本质：人数不同，所以平均数不同。从而，将学生习得的知识点扩展成知识面，及时总结、整理有利于学生从零乱、分散的感知中挣脱出来，从整体上把握知识结构，进而得出总体的结论。